一看就懂的
东方文明大事典

一看就懂丛书编写组 编著

农村读物出版社

图书在版编目(CIP)数据

一看就懂的东方文明大事典 / 《一看就懂丛书》编写组编著．－北京：农村读物出版社，2010.6 （2024.12 重印）
ISBN 978-7-5048-5347-9

Ⅰ．①一… Ⅱ．①一… Ⅲ．①东方文化－文化史－通俗读物 Ⅳ．① K107.8-49

中国版本图书馆 CIP 数据核字（2010）第 089269 号

责任编辑 李昕昱 宋会兵
文字编辑 李琳
出　　版 农村读物出版社（北京市朝阳区农展馆北路 2 号 100125）
发　　行 新华书店北京发行所
印　　刷 永清县晔盛亚胶印有限公司
开　　本 700mm × 1000mm 1/16
印　　张 13
字　　数 250 千
版　　次 2010 年 7 月第 1 版 2024 年 12 月第 2 次印刷
定　　价 68.00 元

一看就懂的东方文明大事典

农村读物出版社

前言

西方文明出希腊，希腊文明出东方。伟大的科学史专家乔治·萨顿说：“希腊科学的基础完全是东方的，不论希腊的天才多么深刻，没有这些基础，它并不一定能够创立任何可与其实际成就相比的东西……我们没有权利无视希腊天才的埃及父亲和美索不达米亚母亲。”这句话足以说明了东方古文明那历经千年的不朽价值。当然，究竟是东方左右了西方，还是西方影响了东方，不是本书的重点，本书的重点只在于向读者展示璀璨的东方文明。

东方文明渊源悠长、博大精深，涵盖了广阔的时空范围，头绪繁杂，令人难以驾驭。本书追求的不是面面俱到，没有把所有东方国家都包罗在内，而只选取了几个亚洲古代文化中心一围绕两河流域的美索不达米亚、阿拉伯、印度、中国、日本，把东方曾让西方人向往不已的、最夺目的历史与艺术成就展示给读者。

本书取材无一定规。有些学者主张言文明必言文字、城市、青铜器和祭祀遗存，然而本书没有按这个说法取材，但凡能体现东方古文明风貌的各种艺术实品、图片都在选择之列。概括来讲，涉及建筑、岩画、雕塑、壁画、陶土或青铜制品、纹饰、战争等。本书采取图文并茂的形式，集中反映了东方古文明各个方面的文明现象。那些穿插其中的东方古国考古胜地的精彩图片，重现了古代东方文明的成就与风采。

本书可以看作是一部东方文明发展的简史，书中介绍了大量古代先人留存至今的遗迹、遗物。本书涉及有神话，有传说，有科学猜想，有帝王，有先知，有革命者，有探险家。这些都是古代物质文明和精神文明的结晶，体现着各个时代的文明和辉煌，是人类的共同瑰宝。您可以到本书中去领略那经过千年风霜的古遗迹，去寻找古人的那份炽热心情。去探寻古老的东方古国所带来的奇妙旅程。

编者

2010 年 1 月

INTRODUCTION

敬告

在编写本书的过程中，大量的图片得到全景网的支持，但有部分图片无法与著作权人一一联系，敬请没有联系上的图片著作权人与我们联系，您应得的稿费我们已经预留。

目录 CONTENT

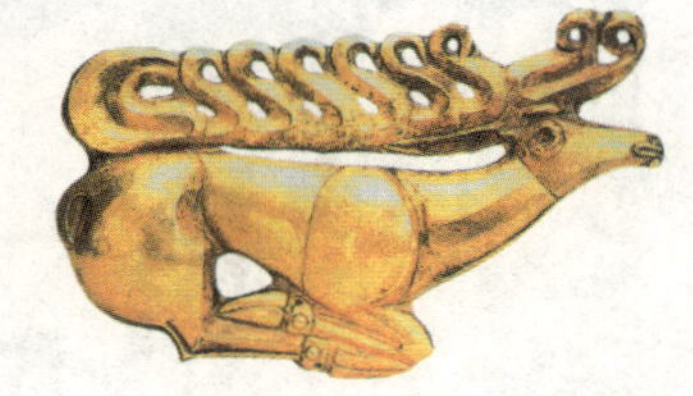

第一章

璀璨夺目的中国华夏文明

中国，典型的多民族国家，56 个民族和谐发展，铸就了民族的兴旺与腾达。中国，以中华 5 000 年的灿烂文明为底蕴，辉煌地再现了华夏 5 000 年光辉的历史文明和博大精深的民族文化。

鬼斧神工的青铜器

青铜，是指红铜与锡、铅等其他化学元素的合金，因颜色呈青灰色而得名。中国古代青铜器源远流长，绚丽璀璨，有着永恒的历史价值与艺术价值。

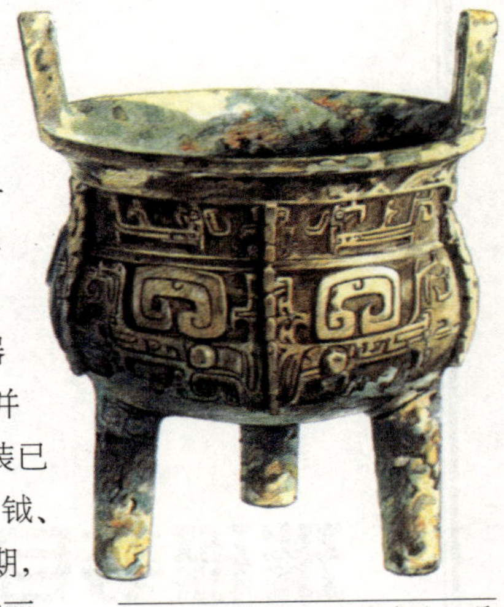

▲青铜器是铜和锌的合金，是用刻有纹饰的陶范浇注出来的，擦拭后有金子的色泽

现已出土的大量青铜器表明，青铜器自身有着一个完整的发展演变系统。中国古代最初出现的青铜器是一些小型工具或饰物，流行于新石器时代晚期至秦汉时代。夏代开始已经有青铜容器和兵器，以商周器物最为精美。商代中期，青铜器品种已经很丰富，并出现了铭文和精细的花纹。商、周时代，军队的武装已全面依靠青铜器，这一时期的青铜武器主要有戈、镞、钺、剑等。商代晚期至西周早期，是青铜器发展的鼎盛时期，器型多种多样，浑厚凝重，铭文逐渐增多，花纹繁缛富丽。

随后，青铜器胎体开始变薄，纹饰逐渐简化。春秋晚期至战国，由于铁器的推广使用，铜制工具越来越少。到秦汉时期，随着瓷器和漆器进入日常生活，青铜制容器开始减少，装饰也趋于简单，多为素面，胎体也更为轻薄。

中国古代青铜器区别于其他古代文明青铜器的一个最为显著的特征是中国古代青铜器不是以工具的形式出现，也不广泛应用于生产领域，而是主要作为“礼器”出现，在当时社会生活中发挥着至关重要的作用。可以说青铜器同中国玉器、丝帛乃至谷物、酒等一样是形而上的文化产物，是观念形态的产物，是中国文化的典型产品。礼器是中国古代社会生活中最重要的活动中所使用的法定性器物，也就是向上天和祖先献礼时所用的特定器具。礼器正是随着礼的生成和发育逐步定型和演化的，随着礼制的最终确立而发展成一整套制度体系，其中包括用玉制度、服制度、用鼎制度等。

▼江西省新干县出土的商代青铜器——虎耳铜方鼎

由于中国古代青铜器较其他礼器而言，铸造过程需要相当规模的社会协作，造型硕大显赫，纹饰富丽瑰奇、庄严肃穆，制作技术精湛，工艺高超，使之在整个礼仪活动中居于非常突出的地

▲西周青铜器上的纹饰仍旧按照为礼器服务的思想，沿用商代的动物纹饰

位。其中仪态最高贵、功能最重要的鼎自然更受到特别的关注，进而被赋予了某种特殊的意义，其地位日益提升，因而成为所谓的国家重器。

▲刻在司母戊大方鼎内的铭文

司母戊大方鼎是中国商代晚期最重的青铜器，是中国已发现的青铜器中最大的一件。造型朴实而又厚重，方正的鼎腹，与圆柱形的鼎足和谐地结合在一起，沉稳而又庄严。鼎体上饰有饕餮纹，耳上铸有两虎相向食人头的形象，气魄沉雄，器形凝重，纹饰华美，是商代青铜器中的典范。鼎腹内壁有 3 个字的铭文“司母戊”，鼎也因此得名。

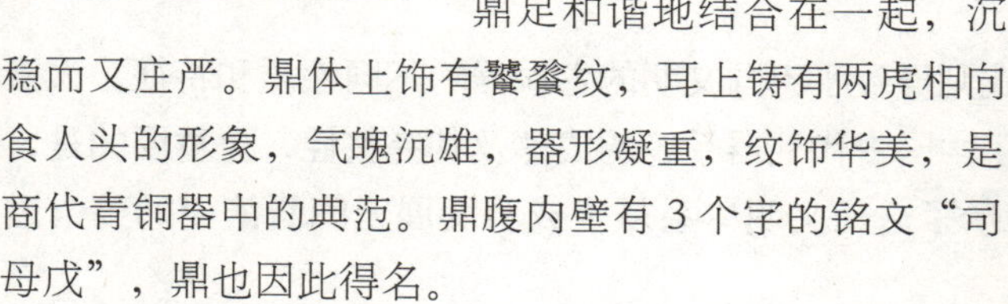

▼中国已发现的青铜器中最大、最重的司母戊大方鼎

司母戊大方鼎是我国商代青铜器的代表作，为一次铸造成功。它是一个奇迹，标志着商代青铜器铸造技术的水平，被推为“世界出土青铜器之冠”。司母戊大方鼎体现了殷商时期中国青铜业的技术水平，具有重要的历史价值。

另一件著名的青铜器是我国现已发现的四羊方尊，高 58.6 厘米，重近 34.5 千克。此尊造型简洁优美，采用线雕、浮雕的手法，把平面图像与立体浮雕，器物与动物形状有机地结合起来，其边长几乎接近器身的高度。尊的颈部高耸，四边上装饰有蕉叶纹、夔纹、兽面纹，肩部则急遽收缩，有四条立体龙纹盘绕其上，龙头突出于四边的中间。最突出的是尊的腹部四角铸有 4 只大卷角羊，其形象在宁静中有威严感。

羊上身饰有鳞纹，腿部则饰有鸟纹，前腿为长冠鸟，圈足上饰有夔纹。方尊的边角及每一面中心线的合范处都是长棱脊，其作用是以此来掩盖合范时可能产生的对合不正的饰纹，同时也增强了造型的气势。羊头与羊颈伸出于器外，羊身与羊腿附着于腹部及圈足上，整个器物均以精细的云雷纹作为底纹，纹饰精美，造型独特。

方尊四角的 4 只卷角山羊，以脚踏实地的有力形象承担着尊体的重量，使得这个上边长几乎与器高相等的器具显得挺拔、刚劲。羊在古代寓意吉祥，四羊方尊以四羊、四龙相对的造型展示了酒礼器中的至尊气象。整个器物用异常高超的铸造工艺制成，真是匠心独运、鬼斧神工，显示了高超的铸造水平。

就世界范围而言，从印度河流域到巴尔干半岛，从米诺斯文明到迈锡尼文明，其青铜器的代表作大多为武器类，如戈、矛、刀、箭、剑、戟、镞等，而中国却以铸造难度较大、纹饰复杂的青铜容器为主，这些容器中以鼎为多，是为国家重器，我们不仅可以窥见当时生产力发展的水平，而且可以通过体会其丰厚的文化内涵，了解当时社会政治、经济、文化、宗教各方面的发展状况。

▲四羊方尊是我国现存最大的商代方尊

作为人类历史上最早创造和使用的金属产品，铸造青铜器需要的条件是：

(1) 定居；

(2) 农业与手工业的分工；

(3) 相当规模的统一协作。

而不同的生产方式和生活方式则导致了不同文明的青铜器的不同性质和特征。大量青铜器的考古发现和出土，证明了中国古代礼器系统的成熟及其完整性，更重要的是，这些考古学材料还同时证明和揭示了这一文明体系从生成至发展无间断演变的整个过程——形制演变的逻辑过程。

中国古代铜器，是我们的祖先对人类物质文明的巨大贡献，我国铜器的出现，晚于世界上其他一些地方，但是就铜器的使用规模、铸造工艺、造型艺术及品种而言，世界上没有其他地方的铜器可以与中国古代铜器相媲美。中国经历了长达 16 个世纪的青铜时代，创造了辉煌灿烂的文明。青铜器集造型、雕塑、绘画等多种艺术之大成，具有极高的实用价值和艺术审美价值，是中国文物艺术中的瑰宝，也是世界美术史上的精华。

◀甘肃出土的东汉“马踏飞燕”铜雕，是制铜工艺和高超艺术技巧的结晶

龟甲兽骨上雕刻的符号

汉字是世界上使用时间最久、空间最广、使用人数最多的文字之一，汉字的创制和应用不仅推进了中华文化的发展，而且对世界文化的发展产生了深远的影响。

大约在距今 6 000 年的半坡遗址等文化发祥地，已经出现刻划符号，共达 50 多种。这些符号整齐规范，并且有一定的规律性，具备了简单文字的特征，学者们认为这可能是汉字的萌芽。

汉字形成为系统的文字是公元前 16 世纪的商朝。经考古证实，在商朝早期，中国文明已发展到相当高的水平，甲骨文的出现就是其主要代表性特征之一。在中国商代后期（前 14—前 11 世纪），国王在做任何事情之前都要占卜，甲骨就是占卜时的用具，是王室用于占卜记事而刻（或写）在龟甲和兽骨上的文字，它是中国已发现的古代文字中年代最早、体系较为完整的文字，是极其珍贵的古代文化研究资料。

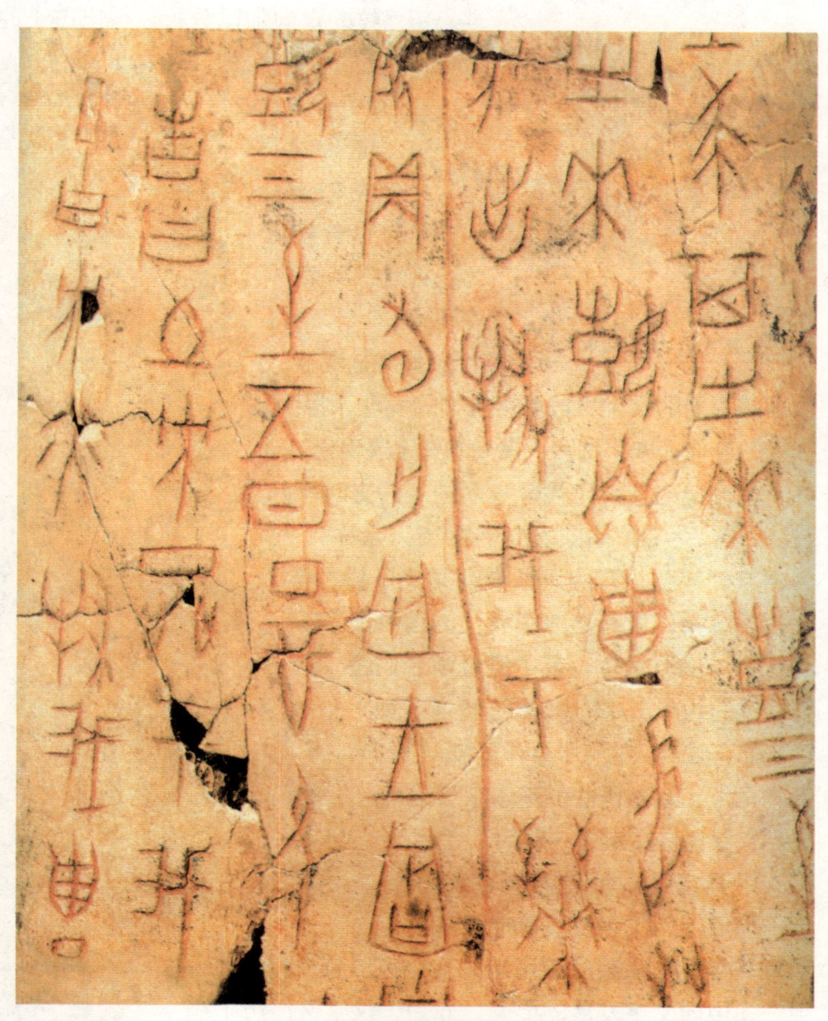

▲在涂朱牛骨上曾经记载了占卜吉凶时的卜辞

甲骨在使用之前，要先经过加工。首先把甲骨上的血肉除净，再用锯削磨平，最后在甲的内面或兽骨的反面用刀具钻凿凹缺。这些凹缺的

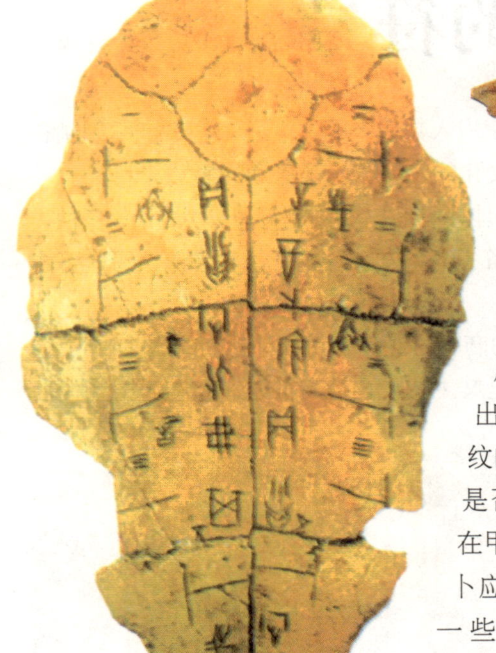

▲在可识别的汉字中，甲骨文是最古老的文字体系

▲刻有日食记录的卜骨

排列是有序的。占卜的巫师，把自己的名字、占卜的日期、需要问的问题都刻在甲骨上，然后用火来烧甲骨上的凹缺。这些凹缺受热后会出现裂纹，那些裂纹就称之为“兆”，巫师对裂纹的走向加以分析，得出占卜的结果，并把占卜是否应验也刻在甲骨上。占卜应验之后，一些刻有卜辞的甲骨就成为一种官方档案被保存下来。

甲骨文是现存中国最古老的文字，殷墟甲骨文的发现，将大量的商代人亲手书写、楔刻的文字展现出来，使商史与传说时代分离而进入历史时代。目前，考古学者共发掘甲骨16万余片。其中有的完整，有的只是没有文字记载的碎块。据统计，所有这些甲骨上的各种文字总计为4 000多个，其中经过学者们考证研究的约有3 000个，在这些字里面，学者们可以辨识的有1 000多字。它的基本词汇、基本语法、基本字形结构跟后代汉语言文字是一致的。

甲骨文是一种成熟而系统的文字，为后世的汉字发展奠定了基础。甲骨文年代，从某些常用字的变化可以领会许多中国文字发展的要义。此后，汉字又经历了铜

▼除占卜刻辞外，甲骨文献中还有少数记事刻辞

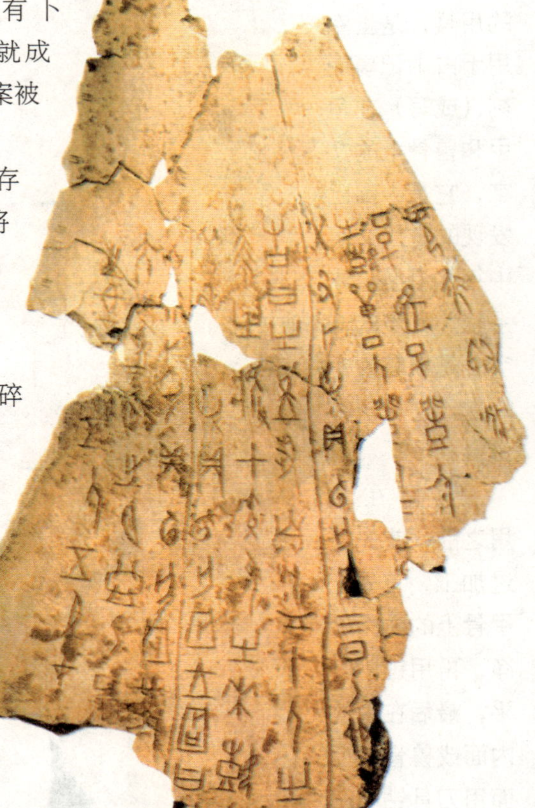

▲商代武丁时期的大型涂朱牛骨刻辞作品，字形大小错落，风格豪放，各尽其态，富于变化而又自然潇洒

铭文（金文）、小篆、隶书、楷书等形式，并一直沿用至今。

汉字的演变过程是汉字字形、字体逐步规范化、稳定化的过程。小篆使每个字的笔画数固定下来；隶书构成了新的笔形系统，字形渐成扁方形；楷书的诞生，使汉字的字形、字体开始稳定，确定了“横、竖、撇、点、捺、挑、折”的基本笔画，笔形得到了进一步的规范，各个字的笔画数和笔顺也固定下来了。

汉字对万事、万物的分类使用了“标本”方法、“模型”方法和“双名”法（如形声字：以“形”为共同属性，以“声”表示个性特征），这与现代科学中的分类学原则不谋而合。汉字是以象形字为基础、以形声字为主体的表意文字体系，总数约有1万个，其中最常用的3 000个左右，这些汉字可以组成无穷多的词组，进而组成各种各样的句子。

汉字的产生、文字的使用，是人类文明的一大进步。从汉字的原始意义可以展现自然现象、动物、植物、人物、生活（衣食住行）、生产（发明创造）、文化艺术、科学技术、战争、礼仪（社会关系、伦理制度）等无比丰富的内容，生动地反映了中国古代社会生态系统的概况。

以象形文字为特征的汉字在人类语林中独树一帜，它在文字、语言上的优点也正在为使用表音文字的人们所认识和接受。汉字不仅是最具有中华民族文化底蕴的典型代表，而且曾是东方文化的典型代表，它对东方文化的形成起到了奠基的作用。

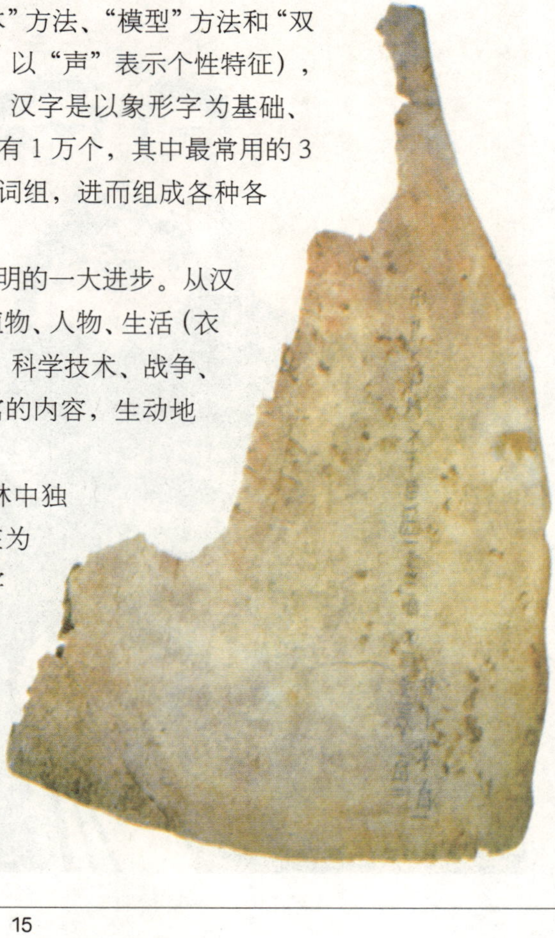

▶刻有早期图画文字的卜骨

传统文化的奠基者

在春秋时期，儒家、道家、法家等各家各派纷纷著书立说，出现了历史上著名的“百家争鸣”。特别是儒家和道家这两个学派，其思想不仅奠定了中国几千年的伦理规范基础，而且对中国文明的形成和发展具有深远的影响。

儒家思想的代表人物就是孔子。孔子（前551—前479），名丘，字仲尼，鲁国人。中国春秋末期伟大的思想家和教育家，儒家学派的创始人。孔子生在鲁国，鲁国素有“礼乐之邦”之称。鲁国文化传统与当时学术下移的形势对孔子思想的形成有很大影响。

▼孔子像

▲孔子带着弟子去周游列国，开阔了这些学生的眼界，也磨炼了自己的意志

孔子博学多能，他开创了私人讲学的教育模式，广收门徒，且收的学生不分贫富贵贱，相传有弟子3 000人，贤者72人。孔子曾带领弟子周游列国14年。国儒家学说经过孔子的终生倡导和历代儒家的发展，中成为中华文化的主流，作为中国人的指导思想逾2 000余年。

孔子思想体系的核心是德治主义，他执著地倡导德化社会与德化人生。德化社会的最高标准是“礼”，德化人生的最高价值是“仁”。孔子教导人们积极奉行“己欲立而立人，己欲达而达人”“己所不欲，勿施于人”的“忠恕之道”，以建立正确的人生观，正确处理人与人之间的关系。

孔子还是一位古文献整理家，曾修《诗》《书》，定《礼》《乐》，序《周易》，作《春秋》，孔子的思想及学说对后世产生了极其深远的影响。由于孔子的卓越贡献和其思想的深远影响，他才被中国人尊为至圣先师、万世师表，后人尊其为“圣人”。

▼《论语》是孔子及其弟子的言行辑录，被称为中国人的《圣经》

孟子也是儒家最主要的代表人物之一。在孟子生活的时代，百家争鸣，“杨朱、墨翟之言盈天下”，孟子站在儒家的立场对其加以激烈地抨击。孟子哲学思想的最高范畴是天，其继承和发展了孔子的天命思想，并剔除了其中残留的人格神的含义，把天想象成为具有道德属性的精神实体。他说：“诚者，天之道也。”孟子把“诚”这个道德概念规定为天的本质属性，认为天是人性固有的道德观念的本原。孟子提出一套完整的思想体系，对后世产生了极大的影响。

孟子的地位在宋代以前并不是很

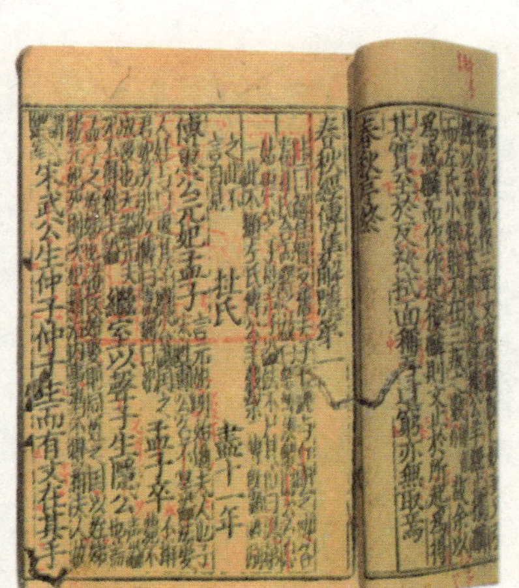

◀《春秋》孤本

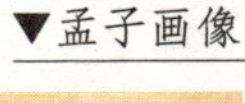

▼孟子画像

▲老子像

高，自中唐的韩愈著《原道》，把孟子列为先秦儒家中唯一继承孔子“道统”的人物开始，孟子其人其书的地位才逐渐上升。南宋朱熹把《孟子》与《论语》《大学》《中庸》合为“四书”，其实际地位更在“五经”之上。

以上是儒家学派的代表人物，而中国古代另外一个著名的学派就是道家，其创始人老子也是我国人民熟知的一位伟大思想家。他以“无为而无不为”的“道”作为万物的本源和自然界与人类社会的最高主宰。

老子，姓李，名耳，谥曰聃，字伯阳，春秋时期楚国苦县（今河南鹿邑县）人，约生活于公元前 571—前 471 年，中国古代思想家、哲学家、道家学派的创始人，曾做过周朝的守藏史。道教奉他为教主或教祖，尊为“道德天尊”，列三清尊神之一。

老子所撰述的《道德经》是一部思想深奥、内涵丰富的哲学著作，历代注疏者不计其数，各家各派学者都从不同角度吸收其中的观点并加以阐发，它贯穿历史数千年，流传至今，不但对中国古代思想文化的发展作出了重要贡献，而且对中国几千年来思想文化的发展产生了深远的影响，是中华民族珍贵的精神文化遗产。

庄子，名候（官名），又名周，战国时期宋国蒙（今河南商丘民权县）人，生活年代约在公元前 369—前 286 年。庄子的学问渊博，对当时的各学派都有些研究，进行过分析批判。庄子继承和发展老子“道法自然”的观点，认为“道”是无限的，“自本自根”“无所不在”的，强调事物的自生自灭，否认有神的主宰。

庄子的思想包含着朴素辩证法因素，他认为“道”是“先天生地”的，“道未始有封”（即“道”是无界限差别的）。庄子的著作有《庄子》，亦称《南华经》，是道家经典之一，对中国古代哲学的发展有很大影响。魏晋时期的玄学思潮融合了儒、道的思想，并将《庄子》和《周易》《老子》一起称为“三玄”。

儒家和道家文化作为中华民族的传统文化，伴随着中华民族走过了几千年的风风雨雨，经受了古代中国社会实践的考验，以其几千年的生命力向世人证明了其自身的存在价值。它们从整个中华民族所特有的人生观、价值取向、道德操守出发，开创了完全属于自己的文明古国的法律体系；并与中华民族其他的传统文化相结合，创造了中华民族不朽的文明。

▶庄子画像

纸的历史

▲蔡伦画像

造纸术是中国古代的伟大发明之一。纸的发明，不但为社会提供了优质、轻便、价廉的书写材料，而且和印刷术一样，对于促进人类社会的进步有着重要的历史意义。

1978 年陕西扶风中延村出土了西汉宣帝时期（前 73—前 49）的 3 张麻纸；1979 年甘肃敦煌县（今敦煌市）马圈湾西汉烽燧遗址出土了 5 件 8 片西汉麻纸。1986 年甘肃天水放马滩出土的西汉文帝时期（前 179—前 163）的纸质地图残片，表明了当时的纸可供写绘之用。从上述西汉出土的纸的质量来看，西汉初年的造纸技术已基本成熟。

在西汉初期，中国政治稳定，思想文化十分活跃，对传播工具的需求旺盛，纸作为新的书写载体应运而生。当时社会就开始使用纸张，有的纸张已能用于书写。许慎著的《说文解字》，成书于公元 100 年。许慎认为纸是丝絮在水中经打击而留在床席上的薄片。这种薄片可能是最原始的“纸”，有人把这种“纸”称为“赫蹄”，这可能是纸发明的一个前奏，关于这种“纸”的记载，可以追溯到西汉成帝元延元年（公元前 12 年）。造纸原料的多样性是造纸术发展的一个重要条件。西汉时期的纸大都以麻为原料，东汉也以麻纸为主，到蔡伦时代，又利用树皮（主要是楮皮）造纸。

早期的西汉麻纸比较粗糙，书写不便，到了公元 2 世纪，在宫廷中任尚方令的蔡伦，凭借充足的人力和物力监制并组织生产了一批良纸。蔡伦总结前人经验，改进了造纸工艺，扩大了造纸原料的来源，提高了纸张的质量和牛马效率，降低了造纸的成本，为纸张取代竹帛开辟了广阔的前景，为文化的传播创造了有利的条件。当时造纸的目的就是用来取代木牍、竹简、缣帛等记录文字的材料，由于具备纸质轻、价格低等优点，纸在当时得到了广泛的应用，并且开始逐渐代替简帛。

▲西汉时期发明的灞桥纸是世界上最早的植物纤维纸，是由麻缕和丝绵制造而成的

公元 2 世纪，是竹简、绢帛和纸张并用的时期，由于纸张的质量和产量不断提高，纸张作为写字用的材料，其使用的频率也越来越高，在这个时期，纸张已成为文人不可缺少的写字材料。到公元 4 世纪，纸张才完全替代了简牍，成为主要的书写材料。南北朝是纸

▲纸药的应用是造纸术中一项重要的发明

写本的繁荣时代，写抄本的盛行，使书籍产量大增，促进了文化的传播，为印刷术的发明创造了条件。

秦汉之际中国人就已经懂得养蚕、缫丝，以缫茧作丝绵的手工业十分普及。这种处理的方法称为漂絮法，操作时的基本要点包括反复捶打，以捣碎蚕衣，后来这种技术发展成为造纸中的打浆。此外，中国古代常用石灰水或草木灰水为丝麻脱胶，这种技术也给造纸中为植物纤维脱胶以启示，纸张就是借助这些技术发展起来的。

此后，各种树皮纸纷纷问世。魏晋时期发明了桑皮纸、藤皮纸。唐代又出现了利用某些香树的树皮造的纸，称为香皮纸。特别值得一提的是用竹子造纸，唐中叶出现了竹纸。竹纸的发明使造纸的原料大大丰富了。竹料制浆难度较大，必须改进制浆方法，提高制浆效率。我国劳动人民在唐代就解决了这个问题。竹浆造纸可以说是现代木浆造纸的先驱。

纸药的应用是造纸术中一项重要的发明。造纸的过程中往往要向纸浆中加入某些植物黏液，古代纸工称之为纸药。纸药的作用是作为悬浮剂，使纸浆中的纤维分散，防止纤维互相黏结，使湿纸易于分张或揭分。我国古代造纸时常用的纸药是从黄蜀葵、杨桃藤、槿叶等的植物中榨取的黏液制成的。

有关造纸术的著作很多，其中明代宋应星的《天工开物·杀青篇》对中国古代造竹纸和造皮纸的技术作了系统的总结。他把造竹纸过程概括为新竹漂塘、碱液蒸煮、打浆抄造、覆帘压纸、透火焙干等5个环节。书中还有造纸作业图，是当时世界上关于造纸技术最详细的记载。

经过元、明、清数百年岁月，到清代中期，中国手工造纸已经相当发达，技术先进，品种繁多，为中华民族数千年文化发展传播提供了物质条件。纸也是印刷的重要材料，纸的发明和广泛应用，也是发明印刷术的首要条件。

▶造纸过程图

印刷技术的发展

中国是世界上最早发明印刷术的国家。印刷术是按照文字或图画原稿制成印刷品的技术。早期的印刷是把图文刻在木板上用水墨印刷的，现在的木版水印画仍用此法，统称“刻版印刷术”（亦称“雕版印刷术”）。

刻版印刷的前身是公元前流行的印章捺印和后来出现的拓印碑石等。雕版印刷术大约出现在公元3世纪的晋代。随着纸、墨的出现，印章开始流行起来，公元4世纪东晋时期，石碑拓印得到了发展，人们把印章和拓印结合起来，再把印章扩大成一个版面，蘸好墨，仿照拓印的方式，把纸铺到版上印刷，形成了雕版印刷的雏形。

▲印刷术的制版技术随着印刷工艺的提高而不断改进

雕版印刷是将文字、图像雕刻在平整的木板上，再在版面上刷上油墨，然后在其上覆上纸张，用干净的刷子轻轻地刷过，使印版上的图文清晰地转印到纸张上的工艺方法。至于选用哪一种木材做雕版，一般是要根据印刷品的精细程度，选用硬度不同的木材。雕版印刷所用的雕版材料主要是选用纹理较细的木材，如枣木、梨木、黄杨木等。

大约在公元7世纪前期，世界上最早的雕版印刷术在中国唐朝诞生了。雕版印刷需要先在纸上按所需规格书写文字，然后反贴在刨光的木板上，再根据文字刻出阳文反体字，这样雕版就做成了。接着在版上涂墨，铺纸，用棕刷刷印，然后将纸揭起，就成为印品。雕刻版面需要大量的人工和材料，但雕版完成后一经开印，就显示出效率高、印刷量大的优越性，印制出的印品也非常精美。

雕版印刷的印品，开始只在民间流行，并有一个与手抄本并存的时期。雕版印刷一版能印几百部甚至几千部书，对文化的传播起了很大的作用，但是刻板费时费工，大部头的书往往要花费几年的时间，存放版片又要占用很大的地方，而且常会因变形、虫蛀、腐蚀而损坏。印刷量少又不需要重印的书，版片就弃置不用，成了废弃物，如果在雕版中发现错别字，改起来也很困难，常常需要将整块版重新雕刻。

1041—1048年，中国宋代发明家毕昇通过长期的实践与观察，发现木纹疏密不一，遇水后易膨胀变形，与黏药固结后不易去掉。为了解决刻版费时费工、修改困难的难题以及雕版印刷中其他不利情况，毕昇在后来的制版中尝试改用胶泥制字，一个字为一个印，用火烧硬，使之成为陶质。排版时先预备一块铁板，铁板上放松香、蜡、纸灰等的混合物，铁板四周围着一个铁框，在铁框内摆满要印的字印，摆满就是一版。然后用火烘烤，将混合物熔化，与活字块结为一体，趁热用平板在活字上压一下，使字面平整，

▲毕昇像

便可进行印刷。

活字制版避免了雕版的不足，只要事先准备好足够的单个活字，就可随时拼版，大大地加快了制版时间，提高了印刷的效率。活字版印完后，可以拆版，活字可重复使用，且活字比雕版占有的空间小，容易存储和保管，这些表现了活字印刷的优越性。毕昇的发明并未受到当时统治者和社会的重视，他创造的胶泥活字也没有保留下来，但是他发明的活字印刷技术却被流传下来。

宋人周必大老年时从沈括那里学来了毕昇的印刷方法，印了自己的著作。他作了一点小改动，把铁板改为铜板。铜板比铁板传热性好，易使黏药熔化，但铜板比铁板价格贵。宋代印刷业的繁荣，得力于这时社会各个方面的共同发展，相互促进。宋代印刷业之所以是中国古代雕版印刷的鼎盛时期，主要是由于政府对印刷的重视，从中央到地方的很多部门，都从事过印刷活动。由于政府对印刷业的开放政策，民间印刷十分活跃，印刷数量和种类大增，经、史、子、集以及农业、技艺、医学等书都曾大量印刷。

印刷术在宋代被广泛用于印刷医书，经过校正的医书为各地的医校提供了教本，民间医生也更容易获取中医的经典著作。佛经印刷也空前活跃，当时曾多次刻印佛经总集。再就是印刷发行了纸币，开创了有价证券印刷及商标包装印刷的新纪元。纸、墨的制造技艺及雕版技艺也随着印刷行业的发展不断提高，书籍的印刷质量达到历史高峰，版式也趋向规范化。

▼活字印刷术的发明是印刷史上的伟大革命，对推动世界文明的发展起了极大的作用

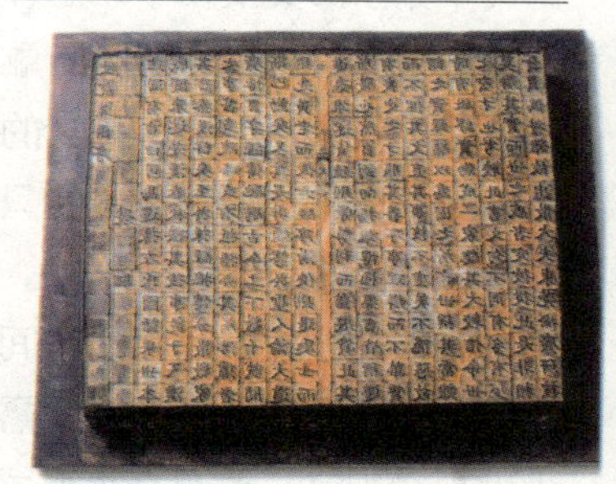

雕版印刷术的发明和推广应用，大大降低了书籍的生产成本，提高了生产效率，加速了信息知识的传播，推进了社会文明的发展，为世人称颂。中国古代博大精深的汉字文化、雕刻技艺、简帛制造、笔墨纸张的应用以及浩瀚的典籍，都为雕版印刷术的发明，提供了必要的条件。了解中国印刷术的演变，可以更好地从一个侧面了解中华民族的历史，使子孙更加珍视祖国优秀的文化遗产，从而增强民族自信心和自豪感。

▶现在所能看到的最早的雕版印刷实物是在敦煌发现的有明确日期记载、印刷于唐代的一卷首尾完整的《金刚经》

“会着火的药”

火药的发明与中国古代发达的冶炼技术有密切的关系，在冶炼金属的过程中，人们不断总结经验，逐渐接触和熟悉了许多矿物的性能，积累了丰富的化学知识。

火药发明的具体年代已无从考查，但根据资料可以推断，火药发明的时间应在唐代（618—907）以前。《太平广记》中有一个故事，说的是隋朝初年，有一个叫杜春子的人去拜访一位炼丹老人。当晚住在那里。半夜杜春子从梦中惊醒，看见炼丹炉内有“紫烟穿屋上”，顿时屋子燃烧起来，这可能是炼丹家配置易燃药物时因疏忽而引起火灾。还有一本名叫《真元妙道要略》的炼丹书也谈到用硫磺、硝石、雄黄和蜜一起炼丹失火的事，火把人的脸和手烧坏了，还直冲屋顶，把房子也烧了，这可能是丹方配合不当而引起的。以后人们就把这种药称为“会着火的药”，由于这种火药的颜色是黑色的，所以叫做“黑火药”。

▲火药的发明源于炼丹术

火药开始用于军事是在唐朝末年。晚唐时期，火药被用作战争武器，最早的火药武器是“飞火”，即火箭。军事上广泛应用火药是在宋、元时期（960—1368），这一时期出现了许多火药武器。宋朝是火药和火器早期发展史上的一个重要时期，随着火药性能不断改进，威力越来越强大，火器品种不断出新，主要有火箭、突火枪、火炮等，在战争中发挥了重要作用。“驾火战车”发明于明朝，是一种装有火箭的独轮战车，威力非常强大。明朝时还出现了利用齿轮控制的触发性地雷和利用线香控制的定时水雷。

据记载，一种叫“火龙出水”的火器可以在距离水面三四尺*高处飞行，最远飞行两三里**。这种火箭用竹木制成，在龙形的外壳上缚四支大“起火”，其中内藏数支小“火箭”，大“起火”点燃后推动火器飞行，“如火龙出于水面”。火箭的发展，使人们产生了利用火箭的推力飞上天空的愿望。

火药的使用在明代以后更为广泛，类似地雷、水雷、炸弹等武器都陆续地创制出来，并用于战争。火药的发明是我国古代劳动人民智慧的结晶，它随着生产的发展、社会的进步而逐渐完善。中国的火药推进了世界火药历史的进程。

---

* 尺为非法定计量单位，1 尺 =0.33 米。

** 里为非法定计量单位，1 里 =500 米。

指引方向的“眼睛”

▼古代定向仪器——“司南”

中国有很多享誉世界的古代发明，其中最出名的要数指南针的发明。指南针也叫罗盘针，是我国古代利用磁石指极性制成的指南仪器。指南针的发明，是我国古代劳动人民同大自然长期斗争的结果，是我们祖先认识自然、改造自然的成果。

据古书记载，远在春秋战国时期，由于正处在奴隶社会向封建社会过渡的大变革时期，生产力有了较大的发展，特别是农业生产更是兴盛发达，因而促使了采矿业、冶炼业的发展。在长期的生产实践中，人们从铁矿石中认识了磁石。先秦时代的先人已经积累了许多这方面的认识，在探寻铁矿时常会遇到磁铁矿，即磁石（主要成分是四氧化三铁）。这些发现很早就已经被记载下来，并被适用于生产生活。

早在战国时的《韩非子》中，就记载了古人了解并利用磁石的指极性制成最早的指南针——司南。司南就是指南的意思，东汉思想家王充在其所著《论衡》中也有关于司南的记载。司南由一把“勺子”和一个“地盘”两部分组成，司南勺由整块磁石制成。它的磁南极那一头琢成长柄状，圆圆的底部是其重心，并且打磨得非常光滑。地盘是个铜质的方盘，中央有个光滑的圆槽，四周刻着格线和表示 24 个方位的文字。

司南放进了地盘就能灵活地转动，这是由于司南的底部和地盘的圆槽都很光滑，在它静止下来的时候，磁石的指极性使长柄总是指向南方。这种仪器就是指南针的前身，由于当初使用司南必须配上地盘，所以后来指南针也叫罗盘针。

司南也有许多缺陷，天然磁体不易找到，在制作时天然磁石容易因打击、受热而失磁，磁性较弱，所以司南的磁性比较弱，而且它与地盘接触处要非常光滑，否则会因转动不灵而不能广泛流传。到宋朝时，有人发现了人造磁铁。钢铁在磁石上磨过，就带有磁性，这种磁性比

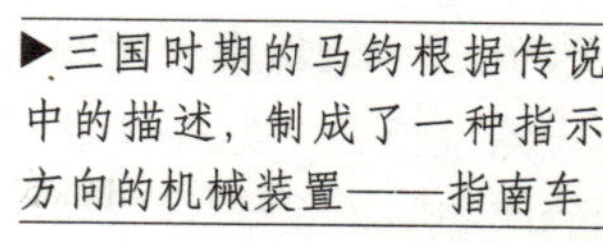

▶三国时期的马钧根据传说中的描述，制成了一种指示方向的机械装置——指南车

▼郑和远行西洋所乘的船只模型

较稳固，不容易丢失。指南车的发明就是利用指南针的原始形式，在联合运用车轮、滑轮、各种齿轮和绳索的基础上，在车开始运动时令车上木人手指南方，其后“车虽回运而手常指南”。

人工磁化方法的发明，对指南针的应用和发展起了巨大的作用，在磁学和地磁学的发展史上也是一件大事。北宋的沈括在《梦溪笔谈》中提到另一种人工磁化的方法：“方家以磁石磨针锋，则能指南。” 这种方法比地磁法简单，而且磁化效果比地磁法好，摩擦法的发明不但是世界最早，而且为有实用价值的磁指向器的发明，创造了条件。

指南针的发明，对中国航海事业的发展起到了很大的促进作用。宋朝时期，中国广州、泉州、宁波、杭州等地，都成为当时贸易的大商埠，吸引了许多外国商人到中国来经商。元、明时期，航海事业迅速发展，明初有郑和七下西洋，历经了30余国，最远曾到达非洲东岸、红海和伊斯兰教圣地麦加，沿途航线均用罗盘针指明方向，而不用星辰定向了。

在一些欧洲国家，指南针的出现和应用比中国要晚得多。指南针的发明，不仅对我国，而且对世界各国的航海事业发展都起到了很大的作用，在促进世界航海事业发展的同时，也加速了世界经济贸易的发展进程，加强了世界各国人民的联系以及文化上的交流。指南针的发明，对以后创制定向装置和推进自动化科学技术的发展，起了先导作用。指南针的发明，是我国古代劳动人民同大自然长期斗争的结果，是我们祖先认识自然、改造自然的结晶。

▼郑和像

源远流长的中医药学

中国是医药文化发祥最早的国家之一，有着 5 000 年有文字可考的医学史。东方文化在发展中形成了不少中国特色独特的医学理论体系，在中国传统医学中，汉族医学的历史最悠久，实践经验和理论认识最为丰富。中药的应用历史源远流长，对中华民族的繁衍昌盛，起了重大作用，至今仍在医疗保健领域占有重要地位。

中医发源于中国黄河流域，很早就建立了学术体系。中医在漫长的发展过程中，历代都有不同的创造，涌现了许多名医，出现了许多重要学派和名著。医药学同其他科学一样，来源于人类的社会实践和物质生活的需要。

在 3000 多年前的殷商甲骨文中，中国已经有关于医疗卫生以及十多种疾病的记载。中国在夏商周时期（约前 22 世纪末—前 256）就已出现药酒及汤液。西周（约前 11 世纪—前 771）的《诗经》中记载有 3 200 多种药物，是现存文献中最早记载药物的书，但大多只记下药名，对各药的作用记述则甚少。现存最早的中医理论典籍《黄帝内经》为中药基本理论奠定了基础。

▲扁鹊像

战国时代，医学有了很大发展。医学家已经懂得人体解剖，知道内脏、血管和血液循环的情况。当时最著名的医生是齐国人扁鹊，他创造了一套望、闻、问、切的四诊合参诊断方法。扁鹊通内科又通外科、妇科、儿科、五官科，他是一名集医技于一身的全才医生，开创了针灸、按摩、外科手术。他的医学实践和理论奠定了中医传统医学诊断法的基础，他也被誉为“医学祖师”。

我国现存最早的药学专著《神农本草经》是秦汉时期（前 221—220）众多医学家搜集、总结了先秦以来丰富的药学资料而成书的。它的问世，标志着中药学的初步确立。《黄帝内经》是形成于秦汉时期的一部具有系统医学理论的著作，由《素问》和《灵枢》两部分组成，书中提到的药只有数十种，药方也不多，但对药物理论和炮制方法及诊疗医理却有简要论述，是现存最早的一部中医理论性经典著作。

◀华佗像

“医圣”张仲景所著的《伤寒杂病论》，专门论述了多种杂病的辨证、诊断、治疗原则，是 “勤求古训，博采众方”总结前人经验写成的一部划时代的医学巨著，书中对药学记述颇多，有许多方剂至今仍被当代各版药典收载，为后世的临床医学奠定了发展的基础。对中医学治疗急慢性传染病、流行病以及内科杂病等理论和技术的发展，曾产生过极其深远的影响。据《三国志》记载，汉代外科学已具有较高水平，名医华佗已开始使用全身麻醉剂“麻沸散”进行各种外科手术，他被中国人称为“外科鼻祖”。“麻沸散”的发明比西方发明的麻药要早 1 600 多年，是世界医学史上一个伟大的创举。

我国古代劳动人民创造的一种独特的医疗方法是针灸疗法。其特点是治病不靠吃药，只是在病人身体的某个部位用针刺入，或用火的温热刺激烧灼局部，以达到治病的目的。在宋代医学教育中针灸教学有了重大改革。北宋王唯一著有《铜人腧穴针灸图经》，后来，王唯一又设计制造等身大针灸铜人两具，在教学时供学生实习操作。这一创举，对后世针灸的发展影响很大。据记载，当考核学生掌握针刺技术的熟练程度时，先在铜人表面涂上一层黄蜡，向铜人体内灌满水，学生用针扎刺穴位，如果扎得准确，水就会由孔中流出；否则无水流出，以此考定成绩。

明代医药学家李时珍历时 27 年，完成了中药学巨著《本草纲目》，全书 52 卷，收载药物 1 892 种，消除了先前存在的一物数名和某些混合物因外形各异而被视为不同种类的现象，给每一味药标上正名，附以释名。另外，给每一味药标明产地（集解）、鉴别（正误）、制法（修治）、性状（气味）、效用（主治）、讨论（发明）、处方（附方）等，条理分明，具有高度的科学性，对前人已有记载的药物，书中也都加上作者据自己的观察和实验而得出的新见解，成为中国本草史上最伟大的集成之作。

这样一脉相承、绵延数千年一直未曾中断的医药文化及医药文明，是世界医学史上所罕见的。中药的应用以中医学理论为基础，有着独特的理论体系和应用形式，充分反映了我国自然资源及历史、文化等方面的若干特点。中药学就是专门研究中药基本理论和各种中药的来源、采制、性能功效及应用方法等知识的一门学科，是祖国医学的一个重要组成部分。中国古典医籍数量之大，名医辈出，人数之多，在同时期的世界范围内也不多见。中国传统医药学有着强有力的生命力，它随着时代的前进而发展。中医药学源远流长，是中华民族优秀文化遗产中的珍宝。

▼冶金技术的发展为古代医学针具的改造和提高创造了条件

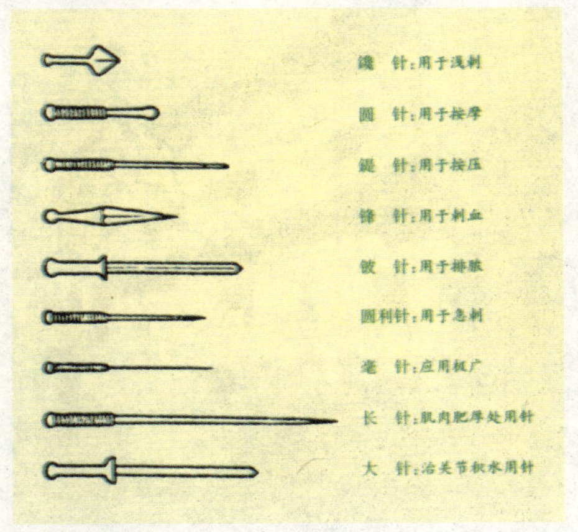

古代佛教石窟艺术

佛教传入中国后，佛教艺术也随之传入，并同中国的文化风俗相互融合。古代中国佛教的教义需借助形象来感化民众，以建筑、雕塑、绘画等手段来表达佛教义理，所以，在中国广袤的土地上，留下了很多佛教石窟，这些石窟展现了中国佛教石窟艺术博大精深的艺术成就，并为世界所瞩目。

敦煌莫高窟是甘肃省敦煌市境内的莫高窟、西千佛洞的总称，是我国著名的四大石窟之一，也是世界上现存规模最宏大、保存最完好的佛教艺术宝库。它体现了东西方两种文化的交融，以独特的身份完成了连接东西两端佛教石窟艺术体系的重大使命。莫高窟以它创建年代之久、建筑规模之大、壁画数量之多、塑像造型之美、保存之完整，艺术之博大精深而闻名天下，享誉国内外。

莫高窟位于敦煌市东南处，开凿在鸣沙山东麓断崖上，分布在崖壁上三四层不等。它是我国最大、最著名的佛教艺术石窟，全长1.6 千米，现存石窟492个，壁画总面积约45 000平方米，彩塑像2 100多身，其艺术价值是十分惊人的。

中国石窟艺术源于印度，印度传统的石窟造像乃以石雕为主，而敦煌莫高窟因岩质不适雕刻，故造像以泥塑壁画为主。壁画虽经千百年的风沙侵蚀，仍然色彩鲜艳，线条清晰，使人不得不赞叹古代艺术匠师们的精湛艺术和创造精神。整个洞窟一般前为圆塑，而后逐渐淡化为高塑、影塑、壁塑，最后则以壁画为背景，把塑、画两种艺术融为一体。

莫高窟作为艺术的宝库，不同时代的艺术风尚在这里汇集成斑斓景观。敦煌唐代塑像壁画艺术代表了中国佛教艺术最璀璨的时代，体现了外来艺术与中华民族艺术的水乳

▼莫高窟的山岩上，一个个大小不等的石窟内，塑像高矮不一，其造诣精深，想象丰富，承载着信徒们的虔诚与恭敬

▼莫高窟俗称“千佛洞”，是世界上现存规模最大、保存最完好的佛教艺术宝库

交融。唐代壁画是多种经变图，其中“飞天”壁画更为丰富多彩，气韵生动。其规模极为宏伟，表现出天国的壮丽图景，真可谓是一处由建筑、绘画、雕塑等组成的博大精深、绚丽夺目的综合性佛教艺术殿堂。

▶石窟内的塑像虽因年深日久，颜色已经暗淡下来，但却美丽依然

另外一座被誉为中国古代雕刻艺术宝库的是位于中国北部山西省大同市以西、武周山南麓的云冈石窟，造像以气势雄伟著称，其风格精细优美，丰富多彩，被誉为综合外来艺术与传统风格的雕塑展览馆，堪称5世纪中国石刻艺术之冠。

云冈石窟始凿于北魏兴安二年（453），大部分完成于北魏迁都洛阳之前（494），造像工程则一直延续到正光年间（520—525）。石窟依山而凿，东西绵延约1千米，气势恢宏，内容丰富。现存石雕造像51 000多身，主要洞窟45个，大小窟龛252个，最大者达17米，最小者仅几厘米。窟中菩萨、力士、飞天形象生动活泼，塔柱上的雕刻精致细腻，继承了秦汉现实主义艺术的精华。

云冈石窟是石窟艺术“中国化”的开始，石窟中留下的乐舞和百戏杂技雕刻，也是当时佛教思想流行的体现和北魏社会生活的反映。中期的石窟开凿出现的中国宫殿建筑式样雕刻，以及在此基础上发展出的中国式佛像龛，在后世的石窟寺建造中得到广泛应用。晚期石窟的窟室布局和装饰，更加突出地展现了浓郁的中国式建筑、装饰风格，反映出佛教艺术“中国化”的不断深入。

云冈石窟形象地记录了印度及中亚佛教艺术向中国佛教艺术发展的历史轨迹，反映出佛教造像在中国逐渐世俗化、民族化的过程。多种佛教艺术造像风格在云冈石窟中实现了前所未有的融会贯通，由此而形成的“云冈模式”成为中国佛教艺术发展的转折点。

佛教艺术的形式是建立在佛教教义的基础之上而形成的，但同时也展示出不同时期的社会思潮与世俗观念。龙门石窟就与甘肃敦煌莫高窟、山西大同云冈石窟并称为“中国三大石刻艺术宝库”。

龙门石窟位于中国中部河南省洛阳市南郊处，龙门峡谷东西两崖的峭壁间。因为这里东西两山对峙，伊水从中流过，看上去宛若门阙，所以又被称为“伊阙”，又因为石窟所在的岩体石质优良，宜于雕刻，所以古人选择此处开凿石窟。唐代以后，多称其为“龙门”。这里地处交通要冲，山清水秀，气候宜人，是文人墨客的观游胜地。

龙门地区的石窟和佛龛展现了中国北魏晚期至唐代（493—907），最具规模和最

为优秀的造型艺术。石窟始凿于北魏孝文帝时（471—477），历经400余年才建成，龙门石窟南北长约1千米，现存石窟1 300多个，窟龛2 345个，题记和碑刻3 600余品，佛塔50余座，佛像97 000余尊。其中以宾阳中洞、奉先寺和古阳洞最具有代表性。其中一些描述佛教中宗教题材的艺术作品，代表了中国石刻艺术的最高峰。石窟中还保留有大量的宗教、美术、书法、音乐、服饰、医药、建筑和中外交通等方面的实物史料。因此，它又是一座大型的石刻艺术博物馆。

▲龙门石窟雕刻规模最大的奉先寺主像——卢舍那大佛

龙门石窟规模宏大，气势磅礴，窟内造像雕刻精湛，内容题材丰富，被誉为世界最伟大的古典艺术宝库之一。龙门石窟远承印度石窟艺术，近继云冈石窟风范，与魏晋洛阳和南朝先进深厚的汉族历史文化相融合开凿而成，所以使石窟艺术呈现出了中国化、世俗化的趋势。它以自身系统且独到的雕塑艺术语言，揭示了雕塑艺术创作的各种规律和法则。洞窟的开凿是皇家意志和行为的体现，具有浓厚的国家宗教色彩，其造像艺术一开始就融入了对本民族审美意识和形式的悟性与强烈追求。龙门石窟的兴衰，不仅反映了中国5—10世纪皇室崇佛信教的盛衰变化，还同时从某些侧面反映出中国历史上一些政治风云的动向和社会经济态势的发展，堪称展现中国石窟艺术变革的“里程碑”。

▼云冈石窟是在我国传统雕刻艺术的基础上，吸取和融合印度犍陀罗艺术及波斯艺术的精华，再进行创造性劳动的结晶

中国石窟艺术在其长期发展过程中，于各个时期都积淀了自己独具特色的模式及内涵。石窟艺术的精华在于其题材选择别致、艺术形式独特、造型技巧精湛、审美情趣深厚，以鲜明的民族化、生活化特色，形成了具有中国风格的石窟艺术。

中国的建筑艺术

中国万里长城是世界上修建时间最长、工程量最大的冷兵器战争时代的国家军事性防御工程，凝聚着我们祖先的血汗和智慧，是中华民族的象征和骄傲。长城的建造空间合计 6 万多千米，是人类历史上占地面积最大的建筑。

▲万里蜿蜒的长城，以其宏伟的雄姿久闻于世

春秋战国时将烽火台用城墙联结起来，各国之间的称“互防长城”，为抵御北方游牧人的称“拒胡长城”。以铁的手腕统治其臣民的秦始皇不但在公元前 221 年建立了空前强大的秦帝国，而且为了保卫秦帝国的一统江山，还征调了大批的民工和军人，倾其国力大修长城。汉以后各朝大都维修过长城，以明代规模最大，完成了东达辽东，西至甘肃嘉峪关，横贯中国北部长达 11 300 余里的人类最伟大的工程。

长城是中国也是世界上修建时间最长、工程最大的一项古代防御工程。长城在历史上起过很大作用，防范了北方游牧民族的侵袭，保证了中原的安宁，使得中西经济文化交流的丝绸之路得以畅通，也促进了边关各民族的和平贸易与交流。长城经汉代和明代维修增筑，留存至今。明代完善了长城防

◀秦朝使用大量强制劳动力、修建了当时世界上最为壮观的人类建筑工程——长城

守制度，分全线为“九连十一镇”，镇下为“路”和“关”，直到每座烽火台，层层相属。镇和关都有城，设在沿线交通要道，著名的如山海关、嘉峪关、居庸关、古北口、雁门关等。长城的建造工程惊世骇俗，若仅将明朝修筑长城的砖石、土方，筑成一道厚1米、高5米的大墙，就可以绕地球一周有余。

长城防御体系不但点线衔接、整体关联、蜿蜒流畅、宏伟壮观，而且城墙坚固、哨楼凌空、关城雄险，就连装饰砖雕也生动精美，堪称是融军事工程、艺术与大自然为一体的浑然天成的建筑奇观。长城在其军事实用功能逐渐消退和其文化精神作用不断增强的双向历史演进中，其美学魅力日渐明显，它一方面不断地向世界展示着中华民族的智慧、坚强的毅力和巨大的创造力；另一方面也在展示人类的坚强意志和雄伟气魄。

长城在宏观上是巩固边防、拱卫中原的战略防线，但并非就是位列最前沿的边境线，更非国境线，其位置、走向也因时因朝代而有所变迁。纵观长城的历史，可以看出，大部是在一定的时期内，整体或某个方面比较弱的一方，才修筑长城。长城用于军事的目的，是修筑长城的一方想凭借长城与敌方抗衡。

长城是一个极具象征色彩的标志性建筑，在人们说到长城的时候，往往指的不是那个横卧在高山峻岭间的墙体，而是它那具有不可逾越、坚不可摧的象征意义，长城应该是中华民族精神和民族文化的代表。

说起中国的标志性建筑，不得不提到集中国古代建筑、文化、艺术之精华于一身的故宫。北京故宫是我国现存规模最大、最完整的宫殿建筑组群。故宫又称“紫禁城”，

▼故宫

▲故宫中的八角楼

是明清两代的皇宫，占地72万平方米（长960米，宽750米），建筑面积15万平方米，是明朝皇帝朱棣于永乐四年（1406）始建，主要设计者是蒯祥（1397—1481，字廷瑞，苏州人），由30万民工，共建了14年建成，有房屋9 999间半。故宫的整个建筑金碧辉煌，庄严绚丽，是目前世界上最大的宫殿。

故宫分前后两大部分，俗称外朝和内廷。前部主要宫殿以太和、中和、保和三大殿为中心，以文华殿、武英殿为两翼，这部分宫殿是封建皇帝行使权力和举行盛典的主要场所。后部以乾清宫、坤宁宫和东西六宫组成，是封建皇帝和后妃居住的区域。宫殿群的外围，由10米高的紫禁城和52米宽的护城河环绕起来。故宫的建筑形式步步深入，殿宇楼台高低错落，壮观雄伟，用艺术形象表现出庄严肃穆，唯帝王独尊的威严气魄。

故宫的这种总体布局，突出地体现了传统的封建礼制“前朝后寝”的制度，形式上雄伟、堂皇、庄严、和谐，是无与伦比的杰作，它标志着我国悠久的文化传统，显示着500多年前我国在建筑艺术上的卓越成就，整个故宫的设计思想更是突出地体现了森严的封建等级制度。

当年为了修建故宫，也给劳动人民带来了巨大的灾难。紫禁城里每一块砖瓦，每一座殿宇，都渗透着劳动人民的血汗。在当时社会生产条件下，能建造这样宏伟高大的建筑群，充分反映了中国古代劳动人民的高度智慧和创造才能。

故宫是一座皇家宫殿，也是一座博物馆。它凝聚着百年的宫廷变迁和人世沧桑，积淀了几千年的文化。故宫的建筑艺术主要是群体组合的艺术，群体间的联系、过渡、转换，构成了丰富的铺陈展开的空间序列；正是通过空间、形体、比例、均衡、节奏、色彩、装饰等多种建筑的艺术语言和表现手段的协调统一，才形成了故宫建筑艺术特有的空间造型美。就故宫建筑群的整个建筑艺术来说，它体现了我国古代建筑艺术的特殊风格和杰出成就，是世界上优秀的建筑群之一。

长城、故宫集中体现了中国古代建筑艺术的优秀传统和独特风格，以其厚重的内涵，成为中华民族文化、艺术和社会、历史的里程碑，是中国古代建筑的经典之作，是我国古代劳动人民智慧和血汗的结晶。

秦始皇的地下兵营

秦始皇是中国历史上一位杰出的政治家，他经过短短的10年的兼并战争，先后消灭了齐、楚、燕、韩、赵、魏等诸侯六国，从而结束了春秋战国时期长达数百年之久的分裂割据、混战不已的局面，于公元前221年建立了中国历史上第一个统一的多民族封建专制的中央集权帝国。

秦朝建立后，统一的观念从那时起就开始在中国人心中巩固起来，使中国没有和欧洲一样四分五裂，秦始皇统一了国土、文字、货币、度量衡。他的权势和尊严在死后也有永久的体现。秦始皇陵兵马俑坑是秦始皇陵的陪葬坑，位于陵园东侧1 500米处。昔日，这里是一片坟地，1974年3月，陵东的西杨村村民抗旱打井时，在陵墓以东三里的下和村和五垃村之间，发现了规模宏大的秦始皇陵兵马俑坑，经考古工作者的发掘，揭开了埋葬于地下的2 000多年前的秦俑宝藏。它的规模之大令人惊叹，3个坑共有2万多平方米，坑内共计有陶俑马近8 000件，木制战车100余乘和青铜兵器4万余件。

▲兵马俑身上隐蔽处多有刻画或戳印的文字，据专家研究，有些是陶匠的名字，有出自中央官制陶作坊的，也有出自地方陶作坊，文字有待破解。秦兵马俑采用的是分体制作，然后安装和黏接成形后，再入室烘烤。兵马俑的着色因年久已被剥蚀

从军士俑可以看出秦兵来自不同的地区，有不同的民族，人物性格也不尽相同。陶马双耳竖立，有的张嘴嘶鸣，有的闭嘴静立，是秦始皇当年浩荡大军的艺术再现，具有强烈的艺术感染力。从秦俑坑出土兵器的刻记年号看，兵马俑从葬坑是秦始皇统一中国前后修建的。秦始皇凭借他“挥剑决浮云”“大略驾群才”的能力，灭六国，统天下，也留下了这座瑰丽无比的艺术宝库。

▼秦始皇陵兵马俑陪葬坑出土的武士俑

秦代的金属加工技术成就辉煌，在秦始皇陵铜车马的制造上都集中体现出来。秦陵铜车马共有3 000多个零件，秦代工匠巧妙地运用了铸造、焊接、镶嵌、销接、活铰连接、子母扣连接、转轴连接等各种工艺技术，将车马结合为一个整体，技术达到了非常高的水平。

秦兵马俑是雕塑艺术的宝库，为中华民族灿烂的古老文化增添了光彩。兵马俑是以现实生活为基础而创作的，艺术手法细腻、明快。陶俑们的装束、神态都不一样，仅发式就有许多种，手势

▲根据考古判断，这几座丛葬坑象征着秦始皇生前的宿卫军守卫着陵园，而三座坑是按兵法布阵的

也各不相同，脸部的表情更是神态各异。与人等高的陶武士俑，面部神态、服式、发型各不相同，个个栩栩如生，形态逼真，扎裹腿，线履系带，免盔束发，挽弓挎箭，阵容齐整，装备完备，威风凛凛，气壮山河。从他们的装束、表情和手势就可以判断出是官还是兵，是步兵还是骑兵，他们披坚执锐，军容严整，气势磅礴。兵马俑反映了秦王朝兵强马壮、叱咤风云的气势。陶俑具有鲜明的个性和强烈的时代特征，威武雄壮的军阵再现了秦始皇当年完成统一中国大业的军功和军威；整个军阵布局严密，酷似待发之势，令人联想到当年始皇金戈铁马，横扫六合，所向披靡的声威。陶俑、陶马都经烧制、安装并且原来都有着漂亮的彩绘，但由于后来的火烧和浸泡，大多已剥落变色。兵马俑坑内出土的青铜兵器有剑、矛、戟、弯刀以及大量的弩机、箭头等，虽然埋在土里 2 000 多年，但刀锋依然锐利，闪闪发光，表明当时已经有了很高的冶金技术，可以说是世界冶金史上的奇迹。

秦始皇陵兵马俑陪葬坑的发掘被誉为“20 世纪考古史上伟大的发现之一”。这批兵马俑是雕塑艺术的宝库，为中华民族灿烂的古老文化增添了光彩。秦俑坑的发现，不仅是我国，而且也是世界考古史上的一次重大发现，可以说是世界第八大奇迹，它可以同埃及金字塔和古希腊雕塑相媲美，被公认为是世界人类文化的宝贵财富，也给世界艺术史补充了光辉的一页。

▶铜车马主体为青铜所铸，一些零部件为金银饰品

古代水利工程

水利是农业的命脉。几千年来，勤劳、勇敢、智慧的中国人民同江河湖海进行了艰苦卓绝的斗争，修建了无数大大小小的水利工程，有力地促进了农业生产。同时，人们的水文知识也得到了相应的发展。

▲都江堰除了引水的作用外，还有控制进水流量的作用

农业是古代决定性的生产部门， 农业受自然因素的影响极大。在古代科学技术不发达、人们抵御自然灾害能力低下的情况下，保护农业生产是最关键的事情。历代王朝都十分重视农业基础建设，中国古代的水利事业也处于向前发展的趋势，古代不仅在和平时期，就是在纷争动乱岁月，统治者也没放弃兴办水利事业。

公元前 316 年秦国灭蜀，领有蜀地。秦昭王在位后期（前 306—前 251），蜀郡守李冰在蜀人治水经验的基础上，于成都平原顶点、岷江刚出山口的江心中“造堋雍水”，叠砌分水鱼嘴，把岷江一分为二。鱼嘴、飞沙堰和宝瓶口构成了都江堰渠首的三大主体工程，鱼嘴是在岷江江心修筑的分水堤坝，形似大鱼卧伏江中，它把岷江分为内江和外江两部分，内江用于灌溉，外江用于排洪。飞沙堰是在分水堤坝中段修建的泄洪道，洪水期不仅泄洪水，还利用水漫过飞沙堰流入外江水流的旋涡作用，有效地减少了泥沙在宝瓶口前后的淤积。宝瓶口是内江的进水口，形似瓶颈。

都江堰水利工程前后历经 2200 多年，是我国古代水利工程的稀世珍宝，有防洪、灌溉及航运三利。春秋战国时期，都江堰、郑国渠等一批大型水利工程的完成，促进了中原、川西农业的发展。其后，农田水利事业由中原逐渐向全国发展。三国时期蜀国在诸葛亮的辅佐下，十分重视水利工程的兴办和对都江堰的修缮。诸葛亮指出：“此堰为农本，国之所资。”所以国家专职管理堤堰的“堰官”，负责维护

◀ 历代统治者都把发展农业当做大事来抓，努力督促和组织农业生产，如推广生产技术、兴修水利

◀郑国渠至今仍在造福当地的农业生产

都江堰。

两汉时期的水利工程主要在北方有大量发展（如六辅渠、白渠），同时大的灌溉工程已跨过长江。魏晋以后水利事业的发展继续向江南推进，到唐代基本上遍及全国。宋代更掀起了大修水利、兴建水利工程的热潮。元明清时期的大型水利工程虽不及宋代前多，但仍有不少，且地方小型农田水利工程兴建的数量越来越多。各种形式的水利工程在全国几乎到处可见，水利工程在农业发展中发挥着显著的效益。

公共水利工程建设，是古代东方和古代中国国家管理经济的带有决定性意义的重要内容和重要职能。那些贯穿中国历代、历百世而不废的水利工程的构筑和设计，都蕴有“人法地，地法天，天法道，道法自然”的思想。我国古代水利工程规划的重心，可以说只有一个原则，就是爱“水”、重“水”、惜“水”，使“滴水不漏”，发挥其应有的功能。

这些水利工程的修建，以不破坏自然资源、充分利用自然资源为人类服务为前提，变害为利，使人、地、水三者高度协和统一，开创了中国古代水利史上的新纪元，在世界水利史上写下了光辉的一页，是中国古代人民智慧的结晶，是中华文化划时代的杰作。

▼兴修水利不仅直接关系到农业生产的发展，而且还可以扩大运输，加快物资流转，发展商业，推动整个社会经济繁荣

成就卓著的科学

每一门科学都有其发展的历史性和现实性。

中国是世界上天文学发展最早的国家之一。据文献记载，远在 4 000 多年前，尧帝时就设有司天官。随着社会的进步，古代天文学得到迅速发展。在天象观测方面，公元前 16 世纪中国就有天象的文字记载，古代相继留下的关于太阳黑子、彗星、流星、新星、日月五星的记事以及各种星图、星表，内容丰富，年代连续，其中许多还是世界上最早的纪录。

中国古代的天学仪器大致可分为圭表、漏刻和仪象三类。浑仪是测量天体位置的赤道式仪器，早期是以浑天说为理论基础制造的测量天体的仪器，历代制作各不相同，但基本上是由许多同心圆环组成，中有窥管。东汉时期的伟大科学家张衡，创制了浑天仪和地动仪等天文仪器。经过历代天文学家的努力，到了唐代，由天文学家李淳风设计了一架比较精密完善的浑天黄道仪。元朝杰出的科学家郭守敬为了更好地进行天文观测，在原来浑天仪的基础上加以改进，发明了简仪和立运仪。

▲天文学家公认《春秋》中有世界上最早关于“哈雷彗星”的记录

人们将与生产实践密切相关的自然现象的变化规律作为天然计量时间的尺度，于是便组成了合适的时间计量单位——历法，这为人们的生产、生活带来了极大的方便。中国古代历法也可以称得上是中国古代数理天文学。

▼浑天仪是我国古代的一种天文观测仪器

中国古代的历法，是把回归年作为年的单位，把朔望月作为月的单位，是一种兼顾阳历和阴历的阴阳合历。最早的成文历法是出现于春秋末年的四分历，它是当时世界上最进步的历法。它的岁实是 365.25 日，这是当时世界上所使用的最精密的数值。四分历规定 19 年 7 闰，十分精确地调整阴阳历，比希腊人发明这个方法要

早160多年。

南北朝时期杰出的天文学家、数学家祖冲之编制了中国历法史上著名的公历——《大明历》。它首次引用了岁差，虽然数值精度不高，却是我国历法史上的一次重大改革。祖冲之在《大明历》中还采用了391年中设置144个闰月的新闰周，比古历的19年7闰更为精密。他推算的回归年日数为365.24281日（现测值365.24220日），交点月日数为27.21223日（现测值27.21222日），他推算的回归年和交点月天数跟现代科学测定的相差只有50秒；测定月亮环行一周的天数，跟现代科学测定的相差不到一秒，可见其精确程度了。

▲简仪是近代测量仪器的雏形，在科学仪器史上占有重要地位

祖冲之孜孜不倦地研究科学，他在数学、天文历法、机械制造等方面都有突出的贡献，更大的成就是在数学方面。他曾经对古代数学著作《九章算术》作了注释，又编写一本《缀术》。他的最杰出贡献是求得相当精确的圆周率。

《周髀算经》是一部天文著作，其中叙述了一些有关的数学知识，最重要的内容有勾股定理、比例测量与计算天体方位所不能避免的分数四则运算。《周髀算经》是中国现存最早的一部数学典籍，成书时间大约在两汉之间（纪元之后）。也有史家认为它的出现更早，是孕于周而成于西汉。

代数方法的使用是中国古代天文学的另一个显著特征，这主要表现在所有的推算方法都用文字叙述的形式表达出来。其中《九章算术》对分数、正负数的记载是世界上最早的有系统的论述。它不仅早于欧洲，也比印度的有关记载早五六个世纪。我国古代虽然没有无理数的明确记载，《九章算术》里却早有这一概念的萌芽。《九章算术》总结了我国先秦至西汉的数学成果，形成以问题为中心的算法体系，不但对我国古代数学有极大影响，对世界数学的发展也起着重要作用，是中国古典数学的一部最重要的经典著作。

中国古代的科技成就，对我国社会的现代化起着多方面的作用，也影响了世界科学技术的发展。

▼《周髀算经》中有关“勾三股四弦五”的勾股定理记载

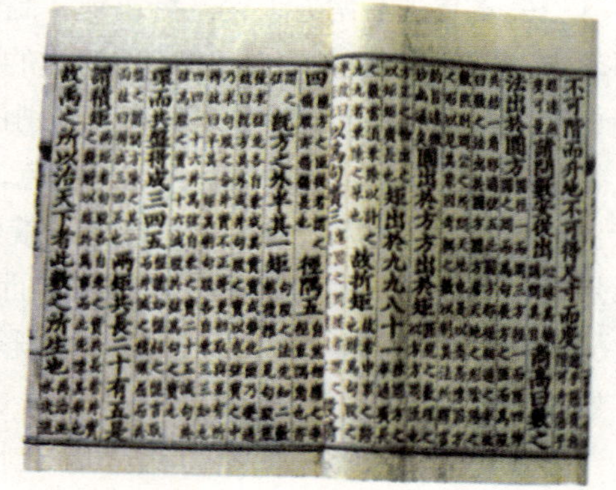

不可階而升地不可得尺寸而度
請問數安從出 商高曰數之法出於圓方
圓出於方方出於矩
矩出於九九八十一
故折矩
以為句廣三
股修四
徑隅五
既方之外半其一矩
環而共盤得成三四五
兩矩共長二十有五
是謂積矩
故禹之所以治天下者此數之所生也

“昌南”瓷器

中国古代瓷器的中心在江西景德镇，景德镇古称为“昌南”，当时的外国人将“昌南”读为china，于是，china既是“瓷器”之意，又成了中国的代名词。可以说瓷器的历史就是中国的历史，它是中国古老文明的象征，也是人类物质文化研究的重要内容之一。

随着制陶工具的逐步改善、工艺水平的不断提高，以及对制陶原料的深入了解，人们渐渐烧制出一些初步达到瓷器标准、但在一些方面又不够完善的器物，它们质地较陶器细腻坚硬，胎色以灰白居多，胎质基本烧结，吸水性也比较弱，器表面施有一层石灰釉，但是它们与瓷器还不完全相同，被人称为“原始瓷”或“原始青瓷”。

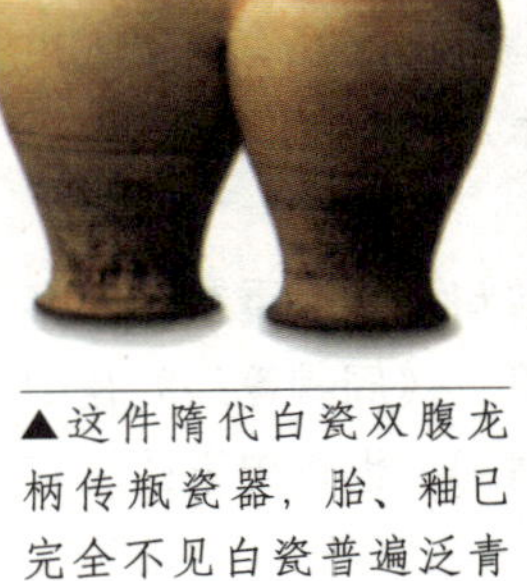

▲这件隋代白瓷双腹龙柄传瓶瓷器，胎、釉已完全不见白瓷普遍泛青现象，说明当时的烧制工艺已趋于成熟

自商代原始青瓷产生以后，制瓷手工业技术不断提高和发展。战国时期普遍使用原始瓷，特别是江、浙、赣一带更为盛行，此时它们的生产规模和产量比西周和春秋时都有了很大的发展和提高。由于原始瓷胎质细腻，外施青釉，利于口唇接触和洗涤，所以都制成碗、盘一类的饮食器皿和模仿铜礼器形式的鼎、钟等器物。造型与其他地区的陶器不同，具有自己独特的风格。碗、钵、酒盅等大宗产品，都取直线条的圆筒体形式，高矮适中，口部细薄，给人以轻巧的感觉。

中国真正的瓷器出现是在东汉时期（23—220）。东汉陶瓷制品因胎料中含有较多量的铁，在较低的窑温下也可以使坯体达到较好的烧结状态，所以多数器物的胎骨坚硬而致密，碰击时发出清亮的声响。胎色多为灰白或淡青灰色，瓷化程度较高，釉层均匀，胎釉结合紧密，仅个别有剥釉、积釉现象；釉色青绿，也有些为青黄，但釉面匀净。这些陶瓷制品是一种利用含铁量较高的劣质原料做成，是东汉窑业手工业者的一个创新，为东汉晚期黑釉瓷器的产生打下了良好的基础。

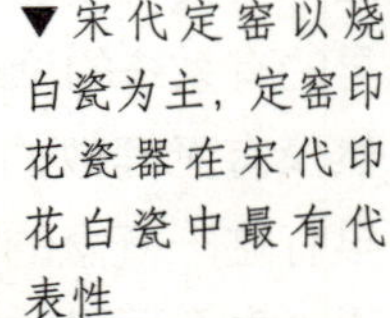

▼宋代定窑以烧白瓷为主，定窑印花瓷器在宋代印花白瓷中最有代表性

瓷器首先在南方地区开始出现。制瓷技术由南方传入北方，得到了长足的发展。其中最重大的事件是白瓷的产生。白瓷是由青瓷发展而来的，两者的区别仅在于胎、釉中含铁量的不同。瓷土含铁量少则胎呈白色，含铁量多则胎色比较暗淡，呈灰、浅灰或深灰色。就瓷器本身的发展而言，是从单釉瓷向彩瓷发展的，而绝大多数彩瓷都是以白色为衬托，来展现各种色彩的艳丽与美妙的。

最早的白瓷是由北朝的制瓷工匠创烧的，但这时

▲官窑器物因釉厚而不透明，印纹装饰在器物中未能流行，而传世及出土的几件带有龙纹装饰的器物就愈显珍贵

▲明、清两代青花瓷、斗彩瓷、五彩瓷上常见鸳鸯纹饰

▶创烧于清代康熙晚期的珐琅彩松竹梅纹瓶

的白瓷釉不是真正的白色，而是透明的玻璃釉罩在白胎上。器物胎质较白，釉面光润，已基本上看不到南北朝白瓷中白中泛青或闪黄的痕迹。隋代白瓷是从青瓷转化而来的，隋代制瓷技术的重要成就之一，是成功地在瓷胎上采用白色化妆土。上釉之前，精选含铁成分少的白瓷土细密地挂在坯上，可以避免瓷器烧成后胎体表面粗糙、坯面出现孔隙及胎体颜色不好等弊病，增强釉色透明莹润的质感，特别是对白瓷釉色透明度的提高和呈色的稳定起着重要作用。

中国制瓷技术继续发展。唐代瓷器的制作技术和艺术创作已达到高度成熟的水平，唐三彩就是这一时期产生的一种彩色陶瓷工艺品。它主要是在陶坯上涂上彩釉，在烘制过程中发生化学变化而形成的。制瓷业蓬勃发展是在宋代，名瓷名窑涌现并遍及大半个中国，是瓷业最为繁荣的时期。当时的钧窑、哥窑、官窑、汝窑和定窑并称为五大名窑，深得皇帝的青睐，并成为贡品的主要供应地，达到中国瓷业史上的第一个高峰。

制瓷业发展第二个高峰是在明代，从制坯、装饰、施釉到烧成，技术上都超过前代。清代康熙、雍正、乾隆时期，窑工们总结了几千年的制瓷经验，集以往之大成，在胎、釉、彩、绘方面达到极完美的结合，烧出的五彩、粉彩、珐琅彩、斗彩美轮美奂，釉瓷颜色争奇斗艳，在陶瓷史上称“康雍乾盛世”，是为中国瓷业史上的第三个高峰。

进入8世纪后，伴随着中国瓷器的外销，中国开始以“瓷国”享誉世界。

◀白瓷的产生，对瓷器的发展有极其深远的影响

瓷器以其精湛绝妙的工艺、精美的质感、异彩纷呈的品类而闻名世界，极大地丰富了中华民族文化和世界艺术宝库，推动着人类文明的进程。

◀中国瓷器向国外输出的历史最早开始于8世纪

第二章

中日文化的复合体——日本文明

日本是个没有自生文明的民族和国家，通过引进中华文明和中华文化，形成受本地传统与国外文化影响的混合文化，正因如此，日本人民更加懂得珍惜和保护引进的文明，并以日本文化的名义向世界推广。

丰富多彩的艺能

日本戏剧即歌舞伎，起源于17世纪江户初期，近400年来与能乐、狂言等演剧一起保留至今。

早在奈良时期，由中国传到日本的“散乐”（亦称“猿乐”“申乐”）经过平安时期，逐渐从单纯的俗乐演变为含有多种杂艺的表演艺术。到14世纪，逐渐向两个方向分化。一种演变为以音乐、舞蹈为主的“能”（亦称“能乐”），一种演变为以科白为主的笑剧“狂言”。

能乐，日本的一种古典歌舞剧，相传是14世纪由欢阿弥父子完成的。能乐由猿乐发展而来，是猿乐与中世纪时期流行的田乐相结合形成的，被地方上的神事、祭礼所采用，成为独特的祭礼仪式。能乐的剧本是从古代乐舞和“物语文学”的基础上发展而来的，往往在短短几句唱词（诗）里就包括很多内容，如对时令、处所、人的心情的描写等。常用虚拟的象征性的表演手法予以表现。如观花、赏月、骑马、行船等动作。

▶歌舞伎是日本江户时代发展成熟的一种民族艺术

从“狂言”中的许多主要剧目“大名物”来看，剧中的“大名”反映的正是这一时期近畿农村的“名主”（“名田”的主人，即地主阶级）形象。这时“狂言”与“能”还处于初兴阶段，如“狂言”一般都还停留在即兴演出的阶段，它的脚本还没有固定下来。

在日本传统艺能中，歌舞伎是非常有名的。据说是从7世纪初，一位在出云大社从事女祭司工作、名叫阿国的女子来到京都从事宗教性的念佛舞蹈时开始的，由于将非公认的女性歌舞加进了新兴的天主教徒风俗，使人觉得新奇，故被命名为“倾奇踊”，因“倾奇”发音为“KABUKI”，后人便音译成“歌舞伎”。

歌舞伎吸收了传统的舞蹈和现代风俗等要素，其中又以踊为基础，与“人形振”的技艺和“人形净琉璃”中的景事道行舞蹈相融合，为舞、踊、振（模仿）的“三结合”。“舞”为古典“能”的手法、幽雅而含蓄；“踊”则多具有民间舞蹈特色、生动活泼；而“振”则是戏剧性动作。三者的有机结合而形成歌舞伎的艺术特征。一般认为歌舞伎以前为“舞”的历史，从歌舞伎开始为“踊”的历史。歌舞伎采用歌者不舞、舞者不歌的形式，由乐人歌唱。

演剧的表演就包括唱、念、做、舞等几种因素，歌舞伎的后期也有了武打的专门技术。唱和念是听觉艺术，必须注意音韵、声腔、语调，使之能拨动人的心弦，引起观众情感上的共鸣。做和舞是视觉艺术，必须力求动作和姿态的优美，以形象的感染力来激发观众的情感。唱、念揭示剧本的情节和内容，做、舞则是内容的表现形式。演员的表演，一般是从唱、念入手，再赋予优美的形式。

日本古典舞乐和能乐的服装，具有华丽艳美的特点。木偶净琉璃的服装虽然带有较多的装饰性，但也能表现出人物的年龄、身份的特点。古典舞乐和能乐在化妆方面，最初是在脸上涂颜色。《日本书纪》里说在跳舞时“以赭涂掌涂面”。这是最原始的化妆法。但是舞乐和伎乐传入日本以后，就开始用假面代替了面部的化妆。歌舞伎在这个基础上加以发展，并按角色的分类给以定型化，使之更加完善多样，为演剧艺术增添了不少光彩。

日本古代的演剧并没有专门的剧场和舞台。许多民间艺能都是露天演出。延年舞的演出虽然开始用篱笆圈一下，但大部分观众还是在篱笆的外面看戏。舞乐和伎乐盛行以后，才转移到皇家贵族的宫殿和寺院的屋台上演出。舞台的出现，是从寺院的演出发展而来的。这时虽是在有屋顶的舞台上演出，但观众还是坐在露天的地面上看戏，只有贵人才有专门的座位，而且还多是在寺院演出。17世纪初期，歌舞伎产生以后，在江户4条河滩上，开辟专门的娱乐场所，修筑了几座简陋的戏园，这是最初的专门化的剧场。

日本古典戏剧的艺术特点是丰富多彩的，结构非常严谨，而且富有十分明显的民族特征，经过长期的历史发展，形成了自己独特的艺术风格，在戏剧创作上积累了丰富的创作经验，并且在演出体制上也产生了较大的影响。

▼古代日本演剧的服装比较接近现实生活，能够表现人物的性格特征

农业文明下的生活

关于风土，从狭义来说，是指自然环境，如山川湖海、气候等。从广义来说，还包括民俗，即所谓的“人情”。这里所说的“风土”是狭义的。风土在某种程度上影响着它所负载的人群的文明成熟度及特质。

日本受复杂地形与海流的影响，气候的地域差异很显著。但是，大体上说，日本的气候受亚洲季风影响，是温暖、湿润的海洋性气候。日本四周环海，而且在日本近海生息的动物种类亦很多。例如，地中海仅有海生动物 1 322 种，日本近海则多达 3 492 种。

大约 1 万年前，冰河时代结束，全球的气候急速转暖。短短的 50 年间，年平均温度升高了 7℃。海平面亦急剧上升，陆桥消失，日本列岛与亚洲大陆被大海隔绝。日本人开始向大海寻求食物来源，用鱼叉、鱼钩等用具，捕捞鱼、贝类等海生动物。在沿海地带遗留至今的许多贝冢，便是当年日本人食用海生动物的生动写照，日本的海洋文明由此出现。

日本自古渔业兴盛，捕捞量居世界首位。这既是因为日本有容易养殖鱼类的大陆架，又是因为日本近海有许多寒暖流交汇而形成的优良渔场，还因为日本人受佛教影响，很长时期禁食兽肉，主要摄取鱼类蛋白质等原因。除了种类丰富的贝类之外，鱿鱼、章鱼、

▼海洋不仅为日本人提供了丰饶的食物来源，而且一直作为其他国家进入日本的航路而发挥重要作用

▼由于日本列岛呈南北方向的弧形排列，地处北纬 45° 至北纬 24° 之间，其气候有亚热带、温带、与亚寒带的区别

虾、蟹、海胆等水产以及海草类的产量也相当大。

▲古代日本人食物结构由动物、鱼类、贝类转向农作物，激发起日本远古居民发展大规模农业生产的渴求

绳纹时代人们以村落的形式聚居在河边或沿海地区，以狩猎、捕鱼和采集为生，晚期出现稻米种植。在长期采集植物的基础上，绳纹时代中期的人们已经懂得播种多种野生的植物，以满足随着人口增加而日益增长的食物需要。当列岛上的居民逐步掌握了简单的芋类、百合、豆类作物的栽培技术后，绳纹人便将山麓与河边平地作为广泛培植植物性食物的天然粮仓。

在弥生时代初期，水稻种植尚为粗放式种植。中期以后，由于水利技术的进步，耕种地区不断扩展，不仅在有河流的冲积平原或低湿地带，而且在中部的山岳地带也开辟了水田。在属于弥生后期的登吕遗址中，展现了较高水平的水田耕作技术。3世纪时，水稻栽培从亚洲大陆传入日本。4—12世纪时，为了巩固国家的基础，日本开始了以水稻栽培为主的定居生活。

古代的日本注意体现个性的农产品业的开发，进一步加深了产业经济的能源利用，开辟出了许多新的工业地带，结合传统工业地带共同发展，为此后的日本成为产业大国奠定了良好的经济基础。

▶记录日本贸易的壁画

日本帝国的成长

2世纪末左右，日本列岛上最大的国家邪马台国大乱，30多个部落属国互相残杀，争斗不息，没有人能统一全国。此时，一位叫卑弥呼的女子出现在日本民间。她年龄不大，却极其聪慧，常年在外从事鬼神之道，倭国人都相信她能呼风唤雨。在很短的时间内，卑弥呼就拥有了宗教权威。其后，凭借原始宗教的号召力，各部落首领协商决定推举卑弥呼为首领，卑弥呼也就顺理成章地成了女王。此时的邪马台国，正是日本大和国家的雏形。

日本列岛上开始出现统一的国家“大和国”是在4世纪中叶。5世纪初，共和国发展到鼎盛时期，势力曾扩大到朝鲜半岛南部。646年，日本在学习中国唐朝的先进文化后进行大化革新，仿照唐朝律令制度，确立了以天皇为中心的中央集权制，建立起以天皇为绝对君主的中央集权国家，开始走向文明社会。

7世纪前后，日本列岛出现两种相辅相成的文化运动。列岛上的部族集团之间的交往与竞争成为主要问题，并不断显现出来，连连爆发征伐战争，较强的部族集团日益扩展势力范围，逐渐形成在诸部族之上而且势力波及列岛主要地区的王朝。

势力强盛的集团利用中原王朝的发达文化和强大实力作为背景，在与其他部族集团的征伐中抢占优势，就形成了列岛步入东亚文明区的强大动因。正是从这一时期前后，大和朝廷积极摄取“西来”文化，先后数十次派出大批留学生和留学僧人络绎奔赴中国，同时专门修建“难波大道”，以便利于汲取来自中国的先进文明。经过数百年不懈努力，日本列岛上建立起古代贵族文化，形成了列岛统一王朝统治的格局。

日本的首都因新皇的登基不断变更，710年，皇朝建立于奈良以后，首都的所在地

▼反映当时日本居民劳作的绘画

▼随着生产力的发展，国家逐渐形成，阶级开始出现，日本列岛走向文明，同时逐步趋于统一

才稳定了很长一段时期，也揭开了王朝时代的序幕。日本的首都，于794年由奈良迁到现在的京都。这一新都的建设仿效中国当时的长安，呈纵横有序的棋盘式，整个日本也进入了另一个繁荣时期。平安时代后期，尤其是进入镰仓、室町时代以后，日本封建统治阶级中出现了贵族与武士的身份区别。朝廷势力被削弱，甚至丧失了维持地方治安的能力，庄园领主之间争夺土地的斗争也日趋激烈。庄园领主纷纷建立自己的武装，用以保卫庄园或以武力侵占其他庄园的土地。地方行政官国司与郡司为保护自身利益，也建立直属武装，在各地方逐渐出现了以战斗为业的武士。

▲日本当时的外交活动图

9世纪，就是唐代衰落之际，在日本，天皇也逐步失去权威，政权转移到以藤原氏为代表的贵族手中，称为“摄关”统治，就是摄政和关白两种官职成为实际的统治者，而摄政和关白只能由藤原氏的人来担任。11世纪以后，又逐渐形成超越庄园范围的地区性武士集团。在众多武士团首领中，势力最强者是源氏和平氏。源氏与平氏两大集团经过长期抗争，终于建立了源氏的武士中央政权即镰仓幕府。这时，也就是12世纪末日本进入了由武士阶层掌握实权的军事封建国家时期，史称“幕府”时期。14世纪前期，又建立了室町幕府，将镰仓幕府取而代之。

▲日本封建统治者内部出现的争夺战争严重影响了社会的进步

明治初年，天皇由京都迁都江户，改称东京，不久颁布宪法，成立内阁及两院制立法机关，废除封建的阶级制度，举国上下掀起了研究西方文化热潮。为了实现资本主义近代化，明治政府在短时期内，把日本建成一个拥有近代军备和雄厚经济实力的资本主义国家。不到半个世纪，日本就走完了西方主要资本主义国家用了200年时间才完成的近代化过程。但是最终，明治改革的成功刺激了日本的向外扩张野心，终于使日本走上了穷兵黩武的道路。

◀法隆寺地区的建造物没有受到战争的侵害，在这里能够感受到1 400年的悠久历史的沉重

日本古代经典佳作

《古事记》与《日本书纪》并称为日本最早的皇室文学代表作，描述的许多神都与农业有关，如太阳神、月神、风神、水神、稻谷神和天穗同命神等，《古事记》与《日本书纪》同为研究日本古代历史的重要依据。其内容分为两部分，帝纪部分记载了历代天皇的概况，志史性较强；本辞部分则是神话、传说、故事和歌谣的汇编，带有浓重的神话、传奇色彩。

《古事记》是在日本元明天皇和铜五年（712），由太安万侣编撰而成的。全书由日本古代神话、英雄传说、民间故事、民间歌谣与天皇系谱等组成，分序和上、中、下卷。书中明晰地记载着大和族一统的历史，也叙述了出云族的神话，它与大和族的合并是通过谈判完成的。序和正文的散文部分用汉文纂写，诗歌则借用汉字作日语标音。上卷是神话和传说，从天地创成和诸神的诞生讲到日本国土的形成和天照大神的孙子降临统治日本。

▲在日本神道教里常用泥塑作为图腾，祈求给死者的来世带去好运

《古事记》的神话和传说，也像世界各民族的神话和传说一样，在笔录成书以前，都经长期口头传承，其形成时代较《帝纪》和《本辞》的成书时代久远得多。其思想也是多元的，既有神话和传说形成时的思想，也有构成体系整理为《帝纪》和《本辞》时的思想，有日本民族固有的思想，也有外来思想，还有被压迫阶级的思想，以及皇室和豪族的思想。

成书于720年的日本第一部史书《日本书纪》30卷，就是模仿中国正史的官修史书。它既依据中国编年史书的体例，逐年逐月记载历史事实；又吸收中国纪传体本纪的特点，按天皇分卷，记述天皇世系、后妃、子女等。该书的文本是纯粹的汉文，甚至原文抄录中国和朝鲜的史书史籍。

日本现存最早的汉诗集《怀风藻》就收入近江时代、奈良时代约120篇汉诗，主要由五言诗、七言诗构成。撰者在序文中强调，编撰的目的乃是“恢开帝业，弘阐皇猷，道格乾坤，功光宇宙，

◀唐代诗人的恬静优美之作被广为传诵

▲《源氏物语》屏风画

既而以为调风化俗，莫尚于文”，也就是“将不忘先哲遗风”，故称《怀风藻》。这部汉诗集不仅突出宣扬仁智的思想，大量使用《论语》的语言，而且在作者小传中对人物的批评，也是以儒教思想为基础，比如赞圣德太子“尊宗释教的功绩”，贬大津皇子的“不以忠孝保身”等。日本古代文学虽然深受中国文学的影响，然而它的生成与发展仍是依靠日本本土文化思想的哺育和滋养。

物语文学经典作品《源氏物语》就是依照日本国传统文学思想和审美价值取向的代表作。《源氏物语》与中国文学的关系，从宏观来说，不仅活用了白居易的《长恨歌》，借用了《礼记》《战国策》《史记》《汉书》等中国古籍中的史实和典故，并把它们结合在故事情节之中，而且首先接受了中国的儒学思想的渗透，并以日本本土的文化思想作为根基加以吸收、消化与融合，从而创造了日本民族文学的辉煌。

《源氏物语》写了源氏家族男女在爱情生活上，或在爱情与政治生活上遭到了挫折，摆脱不了人间的苦恼，于是就企图通过出家悟道，以消灭烦恼。它是以神道现世观为主体，虽然作为人的“救济”方面，与佛道是相通的，但它不像佛教文学那样要求舍弃人的情欲而成为超人。《源氏物语》更多是重心性，在以心为本原的基础上，将心与情统一，而几乎无视理的作用。具体地说，《源氏物语》的心性气息，是以愧疚意识为切入点，在人物人生短暂的无常感的基础上，让人物的感情染上哀的色彩。

▼《源氏物语》或多或少地宣扬了佛教文学思想，但不占很大的位置

有“日本诗经”之称的《万叶集》，作于752年，即日本天平胜宝四年，共20卷，收4 500余首和歌，其中长歌265首、短歌4 207首、旋头歌62首、连歌与佛足石歌各1首，署名的作者约有478人（男354人、女124人），其中包括社会各个阶层，上自皇室贵族、

公卿官宦，下至农樵渔猎、士兵游女、僧侣尼姑、行吟艺人等。《万叶集》产生在“假名”文字出现之前，记录作品全靠汉字。由于民族语言不同，确实费了一番工夫，用汉字的音，则有汉唐的变化，除一字一音之外，还有一字数音或数字一音的；用汉字的义，则有本义与引申之别。

《万叶集》将汉字作为标音文字，这些标音汉字被称作“万叶假名”，标志着日本假名文字的草创。日本文学表现之细腻丰富，与纤细、简约的民族性格不无关系。诗歌中纤细、简约的性格所形成的对美的追求，不仅表现在文学形式的短小上，而且表现在思想感情的纤细上。

《万叶集》虽短歌本质还尚未形成，但已经开始出现从种种形态渐次过渡到短歌形态的现象，它的短歌所抒发的纤细感觉和纤细感情，成为日本诗歌乃至日本文学的统一精神，这是日本民族独有的文学表现形成，深刻地影响了日本民族的文化发展，成为民族诗歌发展的源头。

中国文学对日本文学的影响是深远的，日本文学在吸收中国文学近百年时间里，创造了变体汉字、假名、汉混体文，并且大量吸收中国词汇，创作了独具民族形式的文学作品，使日本文学有了飞跃的发展，最终在世界文学中占有一席之地。

▼独特的国民性格直接影响和决定了日本古代文明意识，维护着日本古代文明精神的特色

武士之魂

▲日本对唐朝文化的吸收可说是照葫芦画瓢

日本人在众多武器之中特别重视刀，因为对于日本人来说，刀(剑)是武器中的灵魂，也是武士的灵魂。从古坟时代出土的文物中，已经开始有铁制的刀剑。

仰木弘邦所著《古刀铭尽大全》一书所示的名刀剑均带中国色彩。东洋刀最早仿自我国西汉环头直刀，至唐朝模仿“唐大刀”，其后以“唐大刀”为基本蓝图，对冶炼方法、淬火技术、造型变化等逐年加以改进，至镰仓时代初期，其兵器制作已脱胎于我国而自成一格，而且对于历代刀工名录，各系锻造方法均作了极有系统的整理，其系谱如字典般精确而且查阅迅速。

日本刀的形态，从平安后期，经过镰仓，南北朝，室町，桃山，江户初期、中期，幕末的推移，出现了很大的变化。主要表现在从直刀到弯刀的转变，之所以出现这样的转变主要是战斗方式的变化造成的。平安时代中期以后(中国宋代，10世纪)，日本进入了一个政治纷乱的时代。当时，实际政治权力由征夷大将军、各国大名和地方豪族掌握。他们为了保护自己的土地和增强武力，便聚众集武，日本武士因而诞生，而剑术刀法就成为他们必须精通的能力。

随着日本后来大大小小的战乱，战斗方式主要由步战改为马上战斗，因为直刀适合扎刺，弯刀适宜挥斩，直刀在这种场合下使用起来就很不方便了，于是武士们为了满足不同的需要，将中国式的“唐大刀”改变成刀身弯曲的太刀。日本天皇的象征反映在武器上，就是日本武士博采众家之长的太刀。日本武士的招牌武器就此诞生。

太刀制造工艺极为繁复，单是第一步制刃，就要将钢料加热至赤红进行锤锻，多达二三十次，每一次均锤打数百锤，务必要求析出所有杂质。淬火对刀剑来说是决定命运的一道工序，加热时若土层剥落将会在刀身上留下致命缺点，严重者使淬火失败，这是很难掌握的技术，而太刀在淬火上的确有独到之处，日本人吸

▶日本政治错综复杂，为争夺朝廷中的地位，经常发动内战，刀、弓是武士必备的武器

▶和别种刀剑相比，太刀最大的特色是锋利

收了东西方的各种先进经验，加温前涂“烧刃土”于刃上，这可以使刀身韧性提高。

日本刀的寸法，即是指刀的长度。这里说的刀的长度只计算刃长，并没有将刀柄包括在内。一般来说，刃长30厘米以下的就是短刀；胁差的长度在30～60厘米之间；超过60厘米的，就是刀或太刀。《明史》也提过戚继光兵士之刀剑常为倭刀所断。

东洋刀制作过程分工极细，分为刀与刀装两大部分，简单讲，刀身与刀鞘不可混为一谈。所谓刀即单指刀身，刀身以外所有的配件统称刀装，刀装即刀之外装。刀装包括刀鞘、小柄、笄、缘、头、目贯、镡等数种配件。各种不同配件由不同工匠分工制造，最后装配在刀身上，因此东洋刀在概念上单指刀身而言，并未包括其他配件。刀身与刀装组合与拆卸极为方便，一把普通刀可以搭配精美的刀装，同理一把名贵刀也可以搭配普通的刀装。

镰仓中期武士制度完全确立，武士忠于主人更甚于孝敬父母，为主人战死沙场视为理所当然，武士道精神在这期间发挥到极致。武士以武艺为第一要务，养成了质朴刚健、效忠主人的特殊文化。武士在这段时期实际上掌控着整个社会脉动，为应武士阶级兴起所需，锻刀界于镰仓中期展现出多彩多姿的冶炼风格，尤其是太刀豪壮的造型配上华丽的刃纹更是别具特色。

▼日本的古代武士战斗所使用的武器通常是用黄杨木或柱子做成的弓和一把单刃剑

镰仓时期是武士全盛的时代，此时的

刀身很厚，下部宽度和上部宽度区别不大，成为非常豪放的太刀的姿态。刃纹以华丽的丁字乱为流行。镰仓末期更加豪壮雄大的刀出现了，刀身非常宽，上下部宽度差别很小，并有很多将刀尖延长的。刃纹开始出现被称为“互目”。到了后来，太刀很多被加工打造缩短，变成了刀来使用。南北朝时代制作了很多3尺多长的太刀，短刀也采用了很多宽大的平造方法。室町前期表现出模仿镰仓初期复古刀的样式，做了很多各种各样的短刀和胁差。这个时代的著名刀工有：信国、盛光、康光等。

▲军、警、宪、政、教分别按不同阶级制作不同佩饰

到了室町时代，随着战斗方式由单骑兵向步兵的集团战的过渡，刀刃向上插在腰间的打刀开始多起来。之后各地战乱纷起，粗制品的打刀也出现了。

日本自明治维新后以传统方式制作的刀剑锐减，由于军国主义急于对外扩张，为了配合军队的需要，刀剑以半手工半机械的方式量产，打造速度较以往快了许多，品质虽不如古刀，但也都能达到一定的水准。武士使用刀者很少，有使用机会的武士以陆军居多。军刀不论刀装或刀身均仿传统古刀，而指挥刀的刀装多仿自西洋，但刀身仍为东洋式。

日本刀的冶炼制作工艺逐渐提高，而刀的制作方法得到了极大的丰富。从刀的变迁上可以看出日本制铁的变迁，正是独特的制铁方式造就了日本刀的华丽和锋利。刀（剑）在武士心目中不单只是他们战斗时不可或缺的用具，也是他们的生命。另一种意义上说，刀（剑）具有祈祷、祭祀、神佑和权力等效用，也是天皇权力的象征。

▼一把外观完整的刀，刀装与刀身是分开的，正如俗谚“不以貌取人”

天皇与天皇制

关于天皇制的种种传说，集中体现在日本最早的历史文献《古事记》和《日本书纪》之中。《日本书纪》是日本现存最早的一部史书，记叙日本开天辟地至持统天皇（约690—697）在位期间的神话传说与史事。

日本古代天皇制的确立和发展时期是在593—1192年。593年4月推古女王立厩户皇子（即圣德太子）为太子，朝政大权尽归其掌管。圣德太子引入了中国的先进文化，立志加强中央集权。603年12月，圣德太子颁布了其执政后的第一项改革措施——“冠位十二阶”，将冠分为“大德、小德、大仁、小仁、大礼、小礼、大信、小信、大义、小义、大智、小智”12等，冠位由朝廷依据个人的才能和功绩授予，这一措施的目的在于打破旧有的世袭氏姓门阀制度，并且加强王权统治。604年出台宪法十七条，从严格意义上讲，这部条例并不是真正意义上的法律，只是对当时官贵的政治道德训诫，但依然可以从中发现一些当时统治者在法律方面的思想。

▲古代天皇制源于远古神话及民间信仰，是在中国隋唐时期封建文化影响下逐渐形成的以天皇家族谱系为核心的封建统治体制

进入6世纪后，日本两大社会矛盾日益突出，一是身居要职的大氏姓贵族间的矛盾，二是地方豪强的势力不断膨胀，危及中央政府的统治。

645年6月12日，中大兄皇子（即后来的天智天皇）暗中联合中臣镰足，暗杀了当时握有实权的贵族苏我入鹿，并迫使其父苏我虾夷自杀。皇极女皇宣告退位，由中大兄的舅舅轻皇子继位（即孝德天皇，645—654年在位），正式使用年号，定该年为大化元年。中大兄皇子被立为皇太子，掌握了政治实权。同时，中臣镰足为内臣，从中国留学归来的僧旻、高向玄理为新政府顾问，开始了政治法律改革——即“大化革新”。646年元旦，发布《改新之诏》，正式开始全面改革。

新政府以中臣镰足为首，参考大化革新以来的诏令及单行法规，从668年始，编成了22卷法典，史称《近江令》。这是日本历史上第一部比较完整的正规法典，完成于671年，主要参考当时中国唐代武德、贞观、永徽三律制定，由于第二年发生了“壬申之乱”，未能实施。

▲日本皇官内的建筑

天武天皇开始以《近江令》为基础，修订、编纂了名为《飞鸟净御原令》的新法典。707年，元明天皇即位，迁都平城京，公布《大宝律令》和《养老律令》，日本进入奈良时代，古代天皇制步入鼎盛时期。到了8世纪，日本律令制定进入了高潮，在8世纪初期成书的《古事记》和《日本书纪》关于天皇传世肇国的叙述，把天皇说成是天照大神的子孙，来统治日本这一“万邦无比的神国”。因此，这一时期也被学者称为“律令制时期”，奠定这一时期日本法律基础的是《大宝律令》《养老律令》以及《弘仁格》《弘仁式》等。

古代天皇制日益衰落是从1192年以后，国家大权逐步落到幕府将军手中开始的。在镰仓幕府和室町幕府时代，日本出现二元政治，天皇的政治、经济、军事地位日益降低，但在形式上仍是日本的最高统治者，国家政令最后都需通过天皇发布敕令实施。但到江户幕府时代，一切权力归德川幕府，德川将军成为日本的最高统治者，天皇只能按照先规决

◀日本皇官一角

◀日本掌握军事大权的统治者不断发起战争

定年号。实行以幕府将军为核心的君主专制政治，幕府将军挟天皇而令天下。

日本天皇制作为国家权力的运作形式经历了古代天皇制、近代天皇制及现代天皇制的不同发展阶段，在不同的发展阶段具有不同的特点。以往的多数研究都认为，《古事记》、《日本书纪》等日本史籍关于天皇传世肇国的叙述，是由 7 世纪前后的史学家利用民间流传已久的信仰太阳神的传说，结合天皇家以及宫廷各家沿袭相传的历史谱系，人为编造出的神话体系，其目的在于巩固刚刚建立的天皇制统治体制。

日本的古代天皇制经历了一个较长的酝酿过程，随着天皇制的形成，天皇也开始被神化。天皇制政体经历了天皇亲政、摄政关白政治、院政体制、南北朝以及战国时期的二元和三元政治、幕府将军政治等多种变化。由于种种原因，天皇并非始终处于掌握最高权力的地位，及至明治维新前处于只坐朝而无实权的“虚君”状态，天皇只是作为神道等某种宗教信仰的象征而存在，成为日本封建制度的陪衬与装饰。

▶日本镰仓幕府时代，全国各地为幕府的武士所控制，从而加深了皇室与幕府间的矛盾

艺术的生活化

日本的原始粗陶艺术受到世界的广泛关注，主要因为起源古老，可以追溯到距今13 000年前。最初的粗陶与原始农耕相差约1万年，在岩宿时代晚期出现粗陶时，还伴有弓箭。粗陶虽然萌生于岩宿文化，但其真正成为文化的主要因素，则在绳纹时代。绳纹人制造的粗陶，按其用途可以分为两种：一种是维持物质生活的器皿，另一种是满足精神需求的陶俑。岩宿晚期至绳纹前期，是实用性器皿的黄金时期；从绳纹时代中期开始，观赏性陶俑渐放光彩。

粗陶作为原始艺术品，与弥生时代以后的平面刻画相比，立体雕塑的特点非常突出。从绳纹中期开始，实用器皿向艺术作品演变，栩栩如生的人物造型或动物造型的作品，显示出绳纹人丰富的艺术想象力和炽热的创作激情。

▲人体的完整塑造，不再需要附属的台座

在整个绳纹时代，粗陶的饰纹虽然千变万化，但粗陶表面的人物纹和动物纹却始终是绳纹时期最基本的图案。实用粗陶的艺术化，主要体现于胴体的纹样和上部的造型。绳纹人在制作“颜面陶器”时，似乎对保留下部器形逐渐失去兴趣，开始专注于人物塑造，其结果是彻底摆脱粗陶器皿的束缚，创作了大量的陶俑。在绳纹时代的陶制艺术品中，头像陶版也值得一提，这些陶版多呈圆形，用半浮雕技法刻画人的脸部。粗陶的出现，是新石器时代的主要特征之一。

▼日本的粗陶造型艺术的分类，是按照与粗陶母体的关系划分的

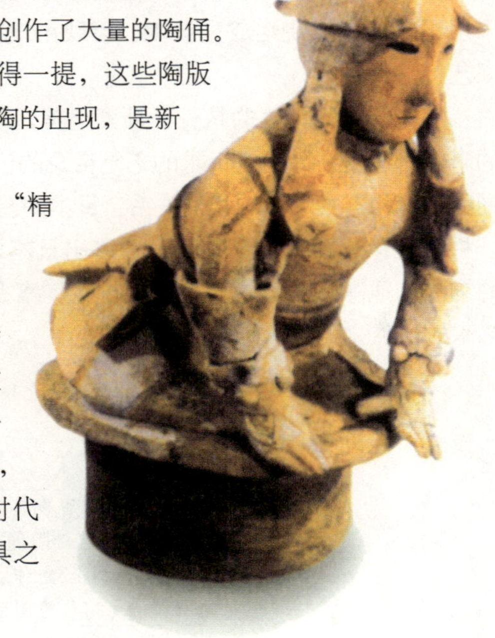

日本东北地方在绳纹晚期出现了被称为“精制土器”的黑陶器。其特征是陶胎薄而轻，表面经过研磨呈铁黑色，造型挺秀优美，反映出新石器晚期人们对陶器的使用价值，特别是对其艺术价值的要求大幅度提高。绳纹式陶器的制作，大体经历了由搓泥成条，一圈圈盘绕成器皿的“盘筑法”，到捏泥成块，再拼接成器皿的“拼接法”的过程。绳纹时代的土陶器除作为饮食器具和贮藏食物的器具之外，还被用于宗教祭礼和丧葬。

弥生中期以后使用了旋转台，这使得制陶业可能同农业分离，进行专门生产，对日本社会生产的发展产生了深刻的影响。弥生陶器依照制陶工艺、器形变化，分为前期、中期和后期三个阶段。前期阶段与绳纹陶器有着明显联系，中期以后共性渐渐消失，弥生后期的陶器形制趋向一致。终于形成了古坟时代颇具有代表性的“土师器”。从目前出土的杯、壶、甑、鼎、钵等器皿来看，弥生式陶器的器形稳重，构图简明，装饰减少，实用性较强，反映出进入农耕文化时期陶土器皿更加注重实用的价值取向。另外在弥生时期以瓮盛装尸体的“瓮棺葬”更加普遍，大量陶土烧制的土偶、高杯、高碗等祭器、冥器，说明土器的生产使用已经达到普及程度，祭祀器皿、礼仪器皿似乎已经成为日常生活中不可缺少的用品。

▲日本在瓷器的制作领域也有所发展

从制陶工艺上看，弥生陶器较绳纹陶器有了明显进步，那时的人们已经学会使用陶轮制造钵体；用辘轳、转轮修正陶坯口沿，使其整洁、光滑。另外，在烧结陶坯工艺上，采用了较高温度烧焙成型技术，反映出史前土陶器制造工艺趋于成熟。

陶艺的精神传达的是一种朴素之美，它不会被其他的事物所遮盖，因为它诉求的不是自身的价值，而是与周围环境和器物之间的和谐关系。日本陶艺表现出的是一种平淡、单纯和空灵的美，透露出日本设计文化中的细腻和纯净的美学意识，耐人寻味，富有一种原始艺术的粗犷之美。

▶绳纹末期遗址中曾发掘出一些女性偶像的空心陶俑，并出现了以大型土瓮作为棺材的所谓“瓮棺”的例证

最自然、简素的日本建筑

日本建筑早在公元 1 世纪便形成了它基本的特点——使用木构架，通透轻盈。这些特点可能是在中国南方和南洋各地的影响下形成的，也可能是因为日本岛屿上盛产木材的缘故。作为空间艺术的日本建筑艺术，在其本国文化的风土中产生，同时受到中国古代佛教建筑艺术的影响，逐步地形成了具有日本文化特征的神社建筑、皇家建筑、庭院建筑和茶室建筑。

最早出现的日本建筑艺术可以远溯绳纹时代，公元前 3—公元 2 世纪的弥生时代，已出现颇具代表性和象征性的神社建筑的雏形。日本建筑称为和式建筑，又称“和样建筑”或“日本式建筑”。

日本建筑追求建筑与自然的和谐、宁静、淡雅、空灵，主要继承飞鸟时代和奈良时代的中国唐代建筑样式，加入一些早期神社建筑的因素。据《古事记》记载，茨城的鹿岛神社是由木鸟居和木结构神殿组成，鸟居的柱和笼木都是选用不剥树皮的草木，成圆形，柱与柱之间的横木是角形，两端贯于柱外；神殿全是木造，板墙，芭茅草葺屋顶，非对称性的结构，初步展现出神社建筑艺术的清洁、质素的美。其后的日本古代各种建筑模式，都是弥生时代以来日本神社建筑艺术所具有的这些因素在起作用。

实际上，日本鸟居源自中国的牌坊建筑，但牌坊一般是砖瓦结构，以砖、瓦、石、木等作为构成的基本材料，由左右两柱上加中间的横梁或板门组成，四周设有围墙，后

▼日本最早期出现的建筑形式是鸟居，设置在神社的神路入口，原本是用来标志神社神域的门，以获得空间的一种表象的方法

▲日式风格特别能与大自然融为一体，借用外在自然景色，为室内带来无限生机，选用材料上也特别注重自然质感，以便与大自然亲切交流，其乐融融

▲日本人形象地称严岛神社牌坊为“大鸟居”

▲日本和式佛教建筑自然、单纯，传统风格源于中国唐代

来发展到在横梁上修筑斗拱和屋檐，上置风姿各异的兽物，显得雄伟、庄严和华贵。鸟居的基本构成要素是左右立两根木柱，柱上方横架一笠木，笠木下由横梁栓连接着两根柱子，省去一切虚饰，显得非常简单、朴素，明快至极。

和式建筑首先在神社、住宅中出现，以后甚至还波及佛教寺院。平安后期，和样化更为发展。10—11世纪，寝殿式建筑已经作为贵族住宅加以定型，代表作有东三条殿、堀川殿。净土信仰逐渐兴盛，又出现造寺的盛况，建造了平等院等以园池为中心的日本式新伽蓝。神社的春日式、流式、八幡式流行，流式具有曲线屋顶，轻快优美，受到欢迎。日本佛教建筑的本土化，主要在其布局型制的独创性，至于建筑本身，平行梁架的结构和以“间”的并列为基本模式的空间组合，依然是中国式的。

日式设计风格讲究空间的流动与分隔，流动则为一室，分隔则分几个功能空间，空间中总能让人静静地思考，禅意无穷。日本皇家建筑艺术，也早已受到中国建筑艺术的影响，但在日本文化风土中，经过长期融化和再创造，分为纯粹日本式的皇家建筑艺术和仿中国式的将军家建筑模式，呈现出截然相反的诸因素的绝对对立，反映出日本皇家建筑的二元性格。日本庭院建筑最早来源于神社寺院建筑和皇家建筑的需要，后来逐渐走向民间，形成一种独立的建筑艺术风格。

日本建筑中最有特色的是神社，遍布全国，有10余万所，建造年代从古迄今未尝中辍。早期神社模仿当时比较讲究的居住建筑。因为在观念上，神社是神灵的住宅，而人们只能按照自己的生活去揣摩神灵的生活，而且，建筑学当时也远远没有达到专为神灵另创一种神社型制的水平。因此，这些早期神社贴近朴实的人民生活，它们的建筑风格，可以代表日本建筑的基本气质。

▲日本庭院建筑不断吸收融贯其他艺术的精髓，成为具有丰富内涵的庭院文化

日本神社建筑艺术仍保持其材料和结构本身至纯的要素。神社建筑的作品群中最具日本古典综合艺术美。茶室建筑作为空间艺术，在日本建筑占有重要的位置。但它很少独立于上述神社建筑、皇家建筑和庭院建筑之外，而往往置于其中，而且也是以结构简素、非对称性为基本特色，成为上述几种建筑艺术的有机组成部分。

从日本古代建筑艺术发展史来看，它既吸收中国建筑艺术的精华，又与中国以红墙绿瓦为主体结构的建筑艺术完全相反，是以木结构为主体，排除一切虚假和不自然。日本建筑艺术在本国风土经年酿造出来的美，就是置于自然中再组合，在最纯的自然、最大的简素中展现其极致的美。

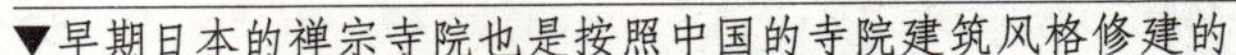

▼早期日本的禅宗寺院也是按照中国的寺院建筑风格修建的

服饰与文化

▼传统的日本装饰品

和服是日本传统民族服装的称呼，它在日本也称“着物”。和服是日本大和民族的服装，它在形成的过程中受到了一些外来的服装，特别是中国服装的影响。

奈良时代，中国唐代的服饰传入日本，首先在贵族中流行，被称为唐风贵族服。8—9世纪，日本一度盛行过“唐风”服装。以后虽有改变形成日本独特的风格，但仍含有中国古代服装的某些特色。到平安时代，日本人对唐风贵族服加以若干改造，如衣服变长，幅度变宽，为给人以美感，穿时需紧紧贴在身上，有意识地显示出人的线条美，对这种变化，日本人称其为国风化，之后这种服装便固定为日本的和服。不以男装女装来划分，而是按照和服的组合式样，分为长着、羽织、襦袢、带、上衣等。

▼日本精美化妆盒

和服种类很多，从使用的功能上分，有礼服和日常服两大类，根据具体穿着的场合、目的和时间的不同又有许多区别。妇女和服的款式和花色的差别是区别年龄和结婚与否的标志。和服是套装，而且不同的和服，要有不同的发型相配，腰间带子的结法也不同，甚至要求手提包和首饰都要与和服配套。

例如，穿紧袖外服是未婚的姑娘，穿宽袖外服是已婚妇女；梳“岛田”发式（日本式发型之一，呈钵状），穿红领衬衣的是姑娘，梳圆发髻，穿素色衬衣的是主妇。和服不用纽扣，只用一条打结的腰带。腰带的种类很多，其打结的方法也各有不同。比较广泛使用的一种打结方法叫“太鼓结”，在后腰打结处的腰带内垫一个纸或布做的芯子，看去像个方盒。在婚礼、庆典、传统花道、茶道以及其他隆重的社交场合，和服仍是日本人公认的必穿礼服。

◀据说穿着和服，行动都有一定的规矩。如果前进，先抬右脚，如果后退则要先撤左脚等，这些长期以来已成为日本女子穿和服时的一种礼法

相对于女子和服来说，男子和服的类型则简单得多，色彩较少，腰间带子较细，不同场

合穿不同的和服。男子和服有三种最常见的类型：浴衣、日常服、礼服。男子通常在夏天的祭祀活动、纳凉晚会上穿着浴衣。年轻男子的身材比较单薄，穿和服时要补正腹部。日常服是平时在家中穿的服装。男子的婚礼和服、成人式和服、礼服都不一样，其中礼服中，已婚、未婚、喜丧都没有明显区别。儿童和服是日本和服中一个比较特殊的门类，主要因为其尺寸比较特殊。制作时关键要在儿童和服肩上的窝褶和窝边进行处理，这方面的工艺非常讲究。

▶这幅画卷所描绘的是女仆在为一位身着和服的大和官女梳妆

和服的衣料都是平织而成的，所以只能直线剪裁，缝制时无法考虑线条美，穿在身上才能弥补其缺陷。和服衣料变为成衣后，宽宽大大，不成样式，因此必须在穿着上下功夫。和服腋下有八个通气孔，再加上袖子宽，可以通风，散发体温。和服的穿法并非千篇一律，它随着季节的变化而不同。不同的穿着方法，可以使和服冬暖夏凉。

一般情况下，穿和服是不戴帽子的，而结婚时穿和服，则必须要戴蒙头帽。日本人把新娘叫作“花嫁”，结婚时除了须穿上一件华美的和服、手执一把折扇外，还需在高高的岛田式发髻上戴一块红里白面的丝绸头巾——角隐。其意为把棱角隐藏起来，即少女时在娘家养成的任性、娇骄、争强好胜、好吃懒惰、嫉妒而无忍让等“棱角”隐下去，将“恶习”统统收藏起来，克服干净，自此开始一个新的人生。出嫁后到夫家要做一个夫妻恩爱、上敬公婆、下睦姑嫂的贤妻良母。

◀日本和服

一般角隐的长度为 70 厘米宽，12 ~ 15 厘米长，用生丝织成，共分内外两层，白表红里。白色代表纯洁，红色则象征吉庆。戴在高高的岛田式发髻上面，从前额顶部分向两边在脑后缠绕，头顶上打结。角

▲日本民族服饰

隐最初并非结婚用具，在江户时代是武家和上流人物游山玩水时的防尘帽。到明治时代，为模仿上流社会的做法，角隐开始用于民间婚嫁仪式的着装。

与和服配套的一种鞋子就是草屐，呈椭圆足形，在用稻草编的椭圆形的鞋掌上安上用稻草编的绳带，穿时用脚的拇趾和食趾夹住绳带。据说在中世时代，武士制作了一种只有脚的前半部分的所谓“足半”，用以在战场上穿。草屐在中国《后汉书》中已有记载。嗣后传入日本，因此日文中“草屐”与中文发音极为近似。日本平安时代出版的《西宫记》中出现过草屐两个汉字。进入镰仓时代穿草屐者增多，特别是武士阶层中更加明显。日本女子走亲串户，出席各种隆重的仪式，穿上和服，配上草屐，才能显示出女子的婀娜多姿，并且更加充盈地表现出日本色彩和气氛。

木屐是东南亚种稻文化的产物，穿着木屐最初是为了水田中作业方便，用木板或竹板为底，捆在脚上，使脚不至陷于泥中，提高劳动效率。木屐传入日本后，很快被日本人接受，因为日本空气潮湿，脚气病患者多，所以木屐在日本得到发展和改良，比东南亚用得广泛，因此，致使不少人误认为木屐系日本人发明的。

和服的穿着适应日本气候湿润的特点，能在日本人的体形上扬长避短，是合理且科学的日本民族服装，因此就逐渐成为日本的传统服装，成为一种复杂而深奥的服饰文化，日本人称其为穿着文化。

▼日本步兵游行时曾经使用的帽子

▶日本神道教祭司的服饰

东渡的医学

针灸医学由中国和朝鲜半岛源源输入日本，其在日本的发展经历了从无到有、盛衰往复的曲折过程，基本上沿袭了中国的针灸医学的特点。至安土桃山时代，日本针灸开始具有自己的特色，进入江户时代，日本针灸医学终于迎来了前所未有的辉煌时期。

大和朝廷统一日本全国后，称大和时代，允恭、雄略、钦明天皇三朝（412—571）时期，药方、医博士、采药师等均求自朝鲜，并多次征召朝鲜良医，同时，由于屡受中国政府的爵封，中日间互派使节往来和通商贸易，学术文化的交流得到加强。《针经》《明堂图》等中国针灸医著就在这一时期输入并流传于日本，促成了日本针灸医学的产生并推动其向前发展。

文武天皇大宝元年（701），日本政府效仿中国唐朝制度制定了《律》六卷，《令》十一卷，统称《大宝律令》，其中有关医学的部分称为《医疾令》。《大宝律令》的制定，标志着日本律令制国家的建立，同时也意味着中国完整的医疗体制在日本法律上得到全面肯定。

孝谦天皇天平胜宝六年（754），中国唐朝的鉴真和尚东渡日本，在随行人员中，华文汉向日本人传授经络穴位及针灸方法，并介绍了人体经穴图，将中国的穴位疗法传至日本。在嵯峨天皇弘仁十一年（820），天皇颁诏令振兴针灸之道，在典药寮置针生5人，学习《新修本草》《明堂经》等，采用盛唐医方，至此针灸医学逐渐兴盛，在医疗领域发挥越来越大的作用，针科占据了医道的要部，针博士受封7位，与医博士地位相当。

◀到日本传法的唐朝僧人鉴真对中日文化交流有很大贡献

永观二年（984），针博士丹波康赖（912—955）集隋、唐医学之大成，著成

▲日本当时的水上交通已较为发达

了日本现存最古的医学著作《医心方》30卷，其中卷2全部为针灸内容。除卷2外，卷18、卷22等还散见有关针灸主治病症及孔穴施术的记载。由于《医心方》全书系采录《素问》《诸病源候论》《千金方》《广济方》等隋、唐以前的百余部医书写成，故保存了许多散逸医书记载的中国古代医术，当然也包括针灸术。

◀采药图

日本有其传统的医术，但那只能归属于经验医学类别。也就是说，它只是一种自古相传的医疗常识，并没有一门自成体系的医学。《医心方》的成书，标志着日本传统医学黎明时期的到来，它所引入的中国针灸医学内容，使日本针灸医学定形化。此后，通过平安、镰仓时期的传承，日本最新的知识和技术多从海外引进，对其进行一番研究探索之后进一步改良，使之成为更适合日本国情的医学和医术，奠定了日本医学的基础。

雅俗共赏的三道艺术

日本悠久的历史和独特的地理条件，孕育出了日本民间的著名的“三道”，即茶道、花道、书道。

高尚的生活情操，使日本人民自古以来就喜爱花草、珍惜花草。一种日本特有的传统艺术即是花道，亦称插花。在古代，日本人对花的认识有着浓厚的宗教色彩。起初，插花人并不要求华丽的“花之美”，只求自然简朴，这是日本人古代的爱花意识，从8—12世纪开始，插花逐渐摆脱了佛教色彩，演变成供观赏的艺术。花道的基本要素，包括色彩、形态、质感，即“花道三要素”。

花道是一种在茶室内再现野外盛开的鲜花的插花技法。在花道中，使用自然的、生命短暂的花卉和枝干能够组成一个不可分割的整体效果。在花道的实践中，材料之间的关系、排列，布置的风格，容器的大小、形状、质地、容量和颜色，展示的地点和场合等都是至关重要的因素。

在日本，花道艺术已经成为许多普通人日常生活中不可分割的一部分。日本花道最早起源于中国唐朝的佛堂供花，随着佛教一起传入日本。花道的宗教根源和它与生老病死的自然周期的紧密关联，使其具备了深刻的精神内涵。

日本全面吸收中国唐朝文化，书法也不例外。书道也称日本书法，日本书法分两类，一类是汉字书法，一类是假名书法。传说日本天平年间光明皇后曾临摹王羲之的作品，王羲之典雅的笔风博得许多日本人的爱好，为世人所推崇。日本人对王羲之书法的喜爱溢于言表，他们亲热地称王羲之为大王，称王献之叫小王。

▼花道又称“生花”“插花”，起源于佛教礼仪中供花的传统

日本的空海和尚采用王羲之的风格，颜真卿的笔法，加上自己的独创，形成了独特的书法笔法，被奉为入木道（书道）的开山祖。空海的

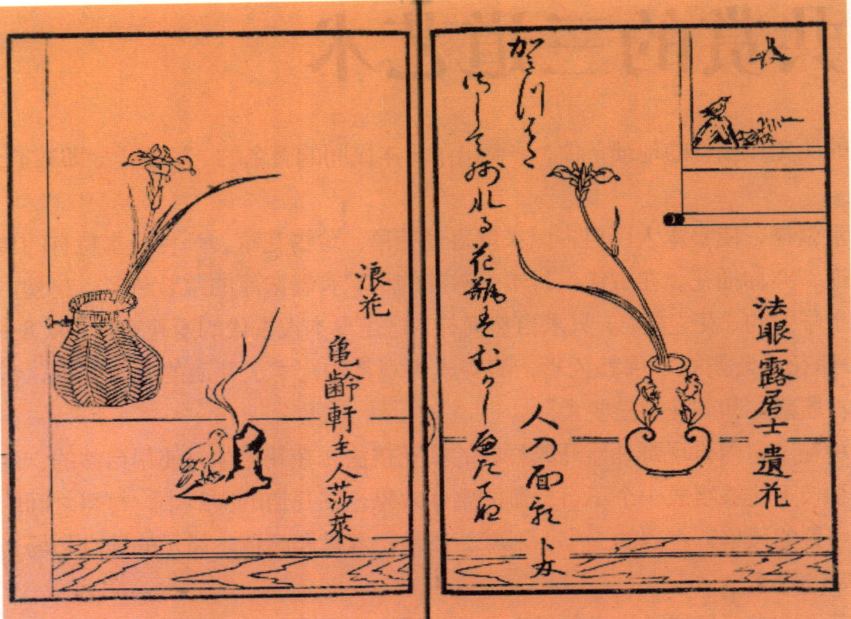

◀日本古籍中绘制的花道

代表作有《风信帖》《灌顶记》。嵯峨天皇博学多才，学习中国欧阳修的书法，是日本欧体书法成就最大的一位；橘逸势天赋很高，公元 804 年他和空海一起渡海到唐朝，向中国书法家学习，书法造诣很高。创建假名书法的是小野道风、藤原佐理和藤原行成。小野道风以汉字草书的形式、结构来书写日语字母，创造了假名书法的新风。藤原佐理和藤原行成进一步完善和丰富了小野的假名书法。他们三人被称为日本书法的“三迹”。中国宋、元时期，高僧和书法名家的墨迹大量传入日本，日本禅宗书法兴盛起来。书道是日本书法的综合艺术，追求的是意境、情操和艺术美。

在日本，一种用以联络感情、陶冶性格且富有艺术性、礼节性的独特活动就是茶道。正规的茶道在 9 平方米的茶室中举行，以沏茶、品茶为手段，参加的人只限三五个。

中国的品茶法在奈良时代就传入日本。最初是煮茶祭神，剩下的茶末才能供人饮

▶日本书法与中国书法有很深的渊源，书法艺术自古盛行中国，后来普及到朝鲜、越南和日本

用。据日本史书记载，圣武天皇天平元年（729）曾有过茶仪式。延历二十四年（805）茶树移植日本。传说茶树种是当时在中国天台山学习佛教的传教大师从唐朝带到日本，将其种植在比壑山下的滋贺县坂本，自此之后，饮茶之风在日本风靡一时。

▼日本彩绘栗鹈纹茶灌

茶道自古以来就作为一种美感仪式受到日本上流阶层的无比喜爱。日本茶道的前身是“斗茶”，“斗茶”最早是以游艺的形式出现在文人雅士之间。茶道内容是丰富的，“本来无一物”“无一物中无尽藏”的哲学思想，不对称、简朴、素淡的美学思想，平等、互敬、恬淡的道德观念，以及独特的自省精神，这些都是日本茶道的特征。茶道是日本文化的结晶，是日本文化的代表，又是日本人生活的规范。

从日本民族传统文化的艺术形式中看出，它们与中国文化有着千丝万缕的联系，日本文化在其形成和发展中，同时又吸收了西方文化。它以外来文化为媒介，经消化吸收，同日本传统文化相结合，最终形成了现在独特的日本文化。

◀“斗茶”会的茶室一般为二层建筑，当时称作“茶亭”。客人先在楼下“客殿”等候，待到茶亭主人邀请，再到二楼“台阁”斗茶

第三章

古老而神秘的印度文明

印度，一个地广人众的文明古国，有着多姿多彩的文化，孕育了辉煌灿烂的古印文明。其引人入胜的神秘之处犹如丰富的宝藏，令无数人心驰神往。

雅利安人的种姓制度

产生于公元前1000年前的印度吠陀时代的种姓制度，实际上是一种复杂的社会等级划分，是印度早期社会分工的具体表现。种姓制度是在雅利安人由部落向阶级社会过渡的过程中产生的，这种等级是由家庭出身决定并终身不变的，实行内婚制，使血统世代相传。

▼印度七河流域的山道

古印度的雅利安人侵入印度的七河流域后，在占领的地区便出现了雅利安瓦尔那与达萨瓦尔那，雅利安人为了把自己较白的肤色同土著居民较黑的肤色区别开来，开始使用瓦尔那一词。瓦尔那一词本身是有“颜色、品质”之意。雅利安人按肤色把自己称为“雅利安瓦尔那”，把被征服的当地土著居民称为“达萨瓦尔那”，于是产生了这种根据肤色来划分居民等级的做法。

种姓制度的产生也是雅利安人内部分化的结果。他们又把雅利安瓦尔那分成三等，平民称“吠舍”（氏族成员转化而成），世俗贵族称“刹帝利”，一部分从事祭祀的氏族贵族称“婆罗门”（梵天所生）。

◀雅利安人进入恒河流域时，吠陀的泛神论转而演化成婆罗门教。这是掌管战争的神——因陀罗的雕塑

印度人的四种种姓制度，形成传统的四种阶级：

（1）婆罗门：为世袭而职司祭祀的专业僧侣，是宗教文化教育的中心，位居上品，受人尊敬，是精神及思想领导的最高阶层。凡是军国政治，也都为其所左右。他们是掌管知识和文化的祭司阶层。

（2）刹帝利：即王侯武士，集军政权力于一身，是世袭的统治者。

波罗门和刹帝利这两个高级种姓，占有了古代印度社会中的大部分财富。他们依靠剥削为生，是社会中的统治阶级，掌管着国家的政权和武装的阶层。

（3）吠舍：是从事农工商的平民阶级，也就是雅利安人的中下阶层，包括农民、手工业者和商人，

▲在吠陀时代，随着氏族制度解体，雅利安人也出现了贫富分化、贵贱等级之分，出现贫民和贵族

他们必须向国家缴纳赋税，他们是负责商业、贸易的阶层。

（4）首陀罗：他们是地位卑下、生活艰苦的世奴贱民，实际上处于奴隶的地位。还有比首陀罗更低，不入流的“贱民”，主要是战俘，以及不遵守种姓制度而结合的人。他们是手工劳动者阶层。

种姓的划分，很像对社会群体的职业划分，只是种姓的划分是按出身而定，一个人自进入这个社会就无法改变自己的种姓。由于这种制度被写进宗教圣典，因而被固定和规范起来，成为宗教信条而深入人心，成为各层次人们不可抗拒的束缚。每个种姓内部，都有固定的人监督本种姓的人遵守法典及传统习惯。如有触犯者，轻则由婆罗门祭司给予处罚，重则被开除出种姓之外沦为贱民。

数千年来，种姓制度虽屡遭人民的反对，但却愈演愈烈，根深蒂固，尽管不同种姓人之间存在着深刻的隔阂、歧视和不平等，但由于宗教的束缚，不同种姓之间的人基本上能安分守己，遵守各自的种姓制度，一般不会起来反抗。特别是那些低种姓的人，在他们看来，主要是由于自己前世的业因才导致今天的种姓地位卑贱，因此只有修好今生才能有来世的幸福。

▼反映当时生活的图画

种姓制度实行职业世袭，把生产限制在一个狭小的范围内，从而阻碍了社会经济的发展。而且鲜明的阶级关系被掩盖在等级的划分之中，种姓制度的存在，是造成印度社会发展迟缓的重要原因之一，也给印度社会带来诸多矛盾，是造成许多社会问题的根源之一。

印度自古代至近代，经历了几种社会形态，但是种姓制度却一直延续下来，成为历代剥削阶级的统治工具。种姓制度经过长期演变，越来越复杂，在四个种姓之外，又出现了数以千计的亚种姓。时至今日，

▲婆罗门教教徒

在印度仍然保留着种姓制度的残迹。印度的种姓制度实际上也是印度民族凝聚力形成的一个因素。民族凝聚力既属于文化范畴，也属于政治范畴。不管种姓间有多大矛盾、隔阂与歧视，但人们总体都能统一于已经成形的社会框架中，并使之继续运转。当然，印度民族凝聚力的形成，同样也是与印度政治、经济变迁，与印度进步力量的成长壮大，与印度反帝、反殖民的民族斗争及复兴经济争当世界大国等均是密切相关的。

▼代表不同阶级的印度人画像

吠陀时代与《吠陀》

吠陀是音译，意思是学问，古时译为“明”或“知识”。恒河文化昌盛于公元前1800—前600年间，为印度著名的吠陀时代。吠陀时代分前期和后期，前期即梨俱吠陀时期，约在公元前1800—前1000年，后期约在公元前1000—前600年。

▲前吠陀时期主要地区在旁遮普、北方邦西部边缘；后吠陀时期主要地区在恒河上游平原、北方地区

吠陀文明的前期经济以畜牧为主，无贸易，无城市，王位似已世袭，但无专制权，宗教为自然力的人格化，祭祀尚无礼仪程式；后期以农业为主，畜牧为次，铁器已普遍使用，区域已有王国迹象，贡奉属于自愿性质。前期经典很少提到家庭，社会仍属部落性质。后期部落社会分解为四个瓦尔那，宗教中以梵天为最高神祇，动物神居重要地位，在祭祀中大量杀牲，婆罗门创造了祭祀程式。

吠陀时代是印度从原始社会到阶级社会的过渡时期，这个时期的文学作品以《吠陀》为主，所以称作吠陀时代。《吠陀》又叫做《吠陀经》，是印度最古的典籍，使用的语言比古代梵语更为古老，它主要指的是早期以《吠陀》为名的文献集以及附录其后的文献，主要内容包括很多，有上古时期的巫术、宗教、礼仪、风俗、社会思想和哲学等方面的东西，其中有好多优美的诗歌。

《吠陀经》由《梨俱吠陀》《裟摩吠陀》《耶柔吠陀》《阿达婆吠陀》四部梵文经书组成。《梨俱吠陀》是上古印度人对神的赞歌和祷告文；《耶柔吠陀》包括白耶柔与黑耶柔，与《裟摩吠陀》都是婆罗门的祷告文，记录古印度对自然力

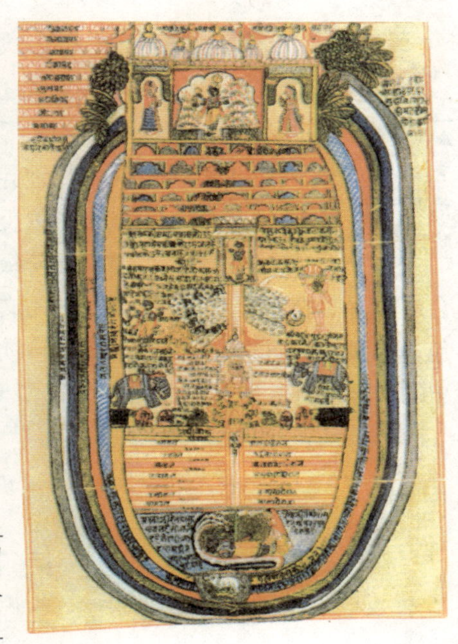

▶印度最古老的文献是雅利安人的作品《吠陀》

量的仪式；《阿达婆吠陀》是古代著名梵术大师阿达婆和安吉罗沙的家族密文手册。

▲作为吠陀之一的《耶柔吠陀》，是祭司的手册

《梨俱吠陀》是《吠陀》文献中最重要的一部作品，编订年代可能是在公元前1500年前后，收诗1 028首，其中有11首被认为是附录。不少诗写得很有哲理，是印度现存最古老的一部诗歌集。吠陀的本义是知，即知识；梨俱是作品中诗节的名称。《梨俱吠陀》中有不少描写神的诗歌，其中包括神话传说、对自然现象和社会现象的描绘与解释，以及与祭祀有关的内容。

▲《吠陀》的内容比较复杂，有上古的神话传说，也有自然界和现实社会生活的反映以及祭祀和巫术

印度神话中更多的是“大禹治水”式，而非“女娲补天”式的故事。如《梨俱吠陀》中黎明女神出现时，袒露胸脯，以光为衣，在东方出现，非常年老又十分年轻，在过去、现在和将来都永放光芒。她消磨世人的青春，可自己却永不衰老。因陀罗是《梨俱吠陀》神话传说的主角，神话中歌颂最多的神就是众神之首因陀罗，他是《梨俱吠陀》中最鲜明的形象。对于这些神话中的神，印度按照以后的宗教信仰加以解释。从因陀罗的主要活动看，他的功绩是把印度雅利安人从上古社会推进到一个新的阶段。这个神灵后来为佛教所吸收，被称为“帝释天”。

梨俱吠陀时代所歌颂的神，事实上全是自然现象的神格化，如天界的太阳神，空界的风神，地界的河神等，名目繁多。诗歌反映了印度原始社会时期和阶级分化并向奴隶制社会过渡时期的思想、生活和习俗。作为文学作品，《梨俱吠陀》包含了人类早期的一些清新朴素的诗歌作品。它作为上古历史的文献资料，是人类宝贵的遗产。

▶梨俱吠陀时代所歌颂的神，包括天空地三界

古印度梵语文学

古代印度通行的文化语言称为梵语，意思是文雅的语言，是与比较接近各地方口语的种种“俗语”相区别的语言。梵语文学根据它的主要作品可以分为吠陀文学、史诗往世书文学和古典文学三种类型。

“往世书”是印度传统的名称，指18部称为“往世书”的典籍。史诗往世书类型的文献基本上用的是古典梵语，时代约从公元前几世纪至公元后几世纪或更晚。这些作品主要是作为历史文献的用诗体（有的附散文）写的典籍，包含了不少文学成分。“史诗”是现代习惯的说法，指两大印度史诗《罗摩衍那》和《摩诃婆罗多》。

▲印度寺庙中根据《罗摩衍那》的内容描述的故事场景所制作的浮雕

《罗摩衍那》被称为印度的“第一部诗作”，其作者传说是蚁垤（约生活在公元前5—前2世纪）。这部古老的史诗是印度神话的宝库，是后世印度文艺作品取之不竭的源泉。罗摩衍那，意思是“罗摩的游行”。全诗共分7篇，有24 000多颂，故事集中，结构平整，在主题以及艺术手法甚至修辞譬喻的技巧上都为印度文学树立了典范，是古典诗歌的先驱。

有些学者认为，现存的《罗摩衍那》并非出自蚁垤一人之手，也许开始时蚁垤以诗体形式写了《罗

▼印度浮雕

摩衍那》的雏形，后来，在此基础上经过后人的不断流传和修改，才使之逐步丰富完善。经过一些学者的多年研究后指出，也许蚁垤对于以前口耳相传的《罗摩衍那》做了比较突出的加工、整理工作，使得这一部巨著在内容和风格上都得到了较大的统一，因此蚁垤就成了“作者”。

《罗摩衍那》的主要内容是描写英雄罗摩和他妻子悉达一生的故事，可以说是一篇对战胜艰苦和困难的英雄的颂歌。在印度，《罗摩衍那》是家喻户晓，妇孺皆知的。几千年来，妇女们崇拜悉达，认为她是贤妻良母的典型。亿万人顶礼膜拜罗摩，把他尊为圣哲和楷模，表示问候、祝福时，人们口中就连呼“罗摩，罗摩”，两熟人相见时也说“罗摩，罗摩”即你好；发生了不应发生的事情时，表示惊讶也说“罗摩，罗摩”。

在蚁垤以后，《罗摩衍那》仍然有一个长期的流传和发展过程，关于其成书时代的说法不一，共有几十种意见。有的认为，它可能形成于公元前5世纪以前，有的说它形成于公元前4世纪—公元2世纪之间等。《罗摩衍那》被印度称为“最初的诗”，它给后来的长篇叙事诗树立了光辉的榜样，奠定了格式的基础，《罗摩衍那》是印度人民集体智慧的结晶。

《摩诃婆罗多》据说是印度传说中的大圣人毗耶娑创作的，书名意思是“伟大的婆罗多族的故事”。全书共分18篇，以列国纷争时代的印度社会为背景，叙述了婆罗多族两支后裔俱卢族和般度族争夺王位继

▼《摩诃婆罗多》围绕中心故事，穿插进大量神话传说和寓言故事

承权的斗争。

传说毗耶娑是渔家女贞信嫁给俱卢之子象城福身王之前的私生子，一直在森林中修炼苦行，贞信与福身王生育的两个儿子花钏和奇武都没有后裔，于是贞信找来毗耶娑，让他与奇武的两位遗孀行房，生了两个儿子持国和般度，持国生百子，长子难敌；般度生五子，分别为贡蒂所生的坚战、怖军、阿周那，玛德利生的孪生子无种和偕天。因为持国生来眼盲，般度继承王位，般度早逝，持国接掌王国，坚战成年后，持国指定他为继承人，但难敌阴谋夺权，经过许多年的纠纷，双方最终在俱卢之野血刃相见。该书反映了古代印度各阶层的生活，被誉为印度古代社会的百科全书，长达20多万行，是荷马史诗的8倍，是世界上最长的史诗。

▲《罗摩衍那》中描绘的神猴形象

《摩诃婆罗多》这部史诗的基调是颂扬以坚战为代表的正义力量，谴责以难敌为代表的邪恶势力。在史诗中，坚战公正、谦恭、仁慈，而难敌则相反，贪婪、傲慢、残忍。他的倒行逆施不得人心，连俱卢族内的一些长辈也同情和袒护般度族。在列国纷争时代，广大臣民如果对交战双方有所选择的话，自然希望由比较贤明的君主而不是由暴虐的君主统一天下。史诗的作者立场高远，对现实的认识是清醒的，并没有将代表正义一方的般度族理想化。在史诗描写的18天大战中，每逢关键时刻，般度族都是采用诡计取胜的，正义的光彩渐渐减却，而难敌遵守武士战斗规则，在战死时，天神们为他撒下鲜花。

正统的印度教徒认为《罗摩衍那》和《摩诃婆罗多》都是不可侵犯的圣典，并把它们看作是解决宗教、哲学和道德等问题争论的指南。《罗摩衍那》与《摩诃婆罗多》并称印度古代两大史诗，也是印度人民对世界文学的重大贡献，在印度文学史上和世界文学史上都占有重要的地位。

▶《摩诃婆罗多》除了有文学性插画外，还有大量宗教、哲学、政治和伦理等理论性插画

爱的见证——泰姬陵

在世人眼中，泰姬陵就是印度的代名词，这座宏伟的陵墓是世界七大建筑奇迹之一。

泰姬陵的建造背后其实有一段动人的故事。话说沙·贾汗与皇后结婚十多年，皇后在1630年第14次生产后死于南征的军营中，临终前向沙·贾汗提出了四个要求，其中一项便是为她建造一座人人可瞻仰的美丽陵墓。于是沙·贾汗便耗资数千万卢比，动用了数万名工人，以宝石镶饰，修建陵寝纪念他心爱的皇后。前后共花了22年时间，方完成了这座旷世的大理石艺术建筑。

泰姬陵的建筑艺术水平很高，集中了印度、中东及波斯的艺术特点。陵墓建筑在一座7米高、95米长的正方形大理石基座上，与用纯白大理石砌建而成的主体建筑皇陵上下左右工整对称，中央圆顶高62米，令人叹为观止。寝宫居中，四周各有一座40米高的圆塔。

泰姬陵整座建筑体形雄浑高雅，轮廓简洁明丽。由于它坐落在一片常绿的树木和

▼莫卧儿第5代君主沙·贾汗为他心爱的皇后建造的陵墓——泰姬陵

草坪的陵园内，在碧空和草坪之间，洁白光亮的陵墓更显得肃穆、端庄、典雅。此花园是一个典型的波斯式花园，位于主体前方，中央有一水道喷泉，而且有两行并排的树木把花园划分成4个同样大小的长方形，因为“4”在伊斯兰教中有着神圣与平和的意思。

泰姬陵占地甚广，由前庭、正门、蒙兀儿花园、陵墓主体以及两座清真寺所组成。陵墓主殿四角都有一座圆柱形高塔，特别的地方是每座塔均向外倾斜12°，若遇上地震只会向四方倒下，而不会影响主殿。陵的前面是一条清澄水道，水道两旁种植有果树和柏树，分别象征生命和死亡。无论从任何角度望去，纯白色的泰姬陵均壮丽无比，造型完美，加上陵前水池中的倒影，就像有两座泰姬陵互相辉映。

▲泰姬陵是古印度最华丽的建筑之一

寝宫总高74米，上部是高耸的圆形穹顶，下部为八角形陵壁。中央是半球形的圆顶，建筑主体都以沙·贾汗最喜欢的白色大理石所建，而在白色的大理石上则镶满了各种颜色的宝石，拼缀成一些美丽的花纹与图案。宫壁上用宝石镶成的花卉构思

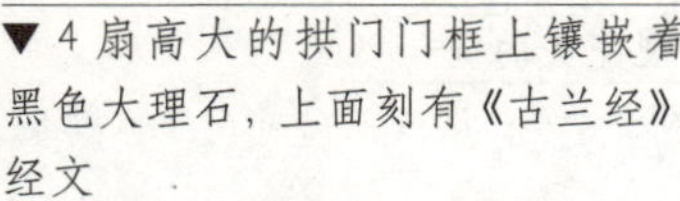

▼4扇高大的拱门门框上镶嵌着黑色大理石，上面刻有《古兰经》经文

巧妙，光彩照人。

陵墓内部只靠室外透入的阳光照明，中央宫室里沙·贾汗与皇后的大理石棺材安放在雕花大理石围栏内。而沙·贾汗与皇后的真正长眠地点是在地下另一土窖中。

建筑时，在陵墓主体下方挖了18个井，每个井都以一层石头、一层柚木的方式，把地基层层叠起，以减低地震对主体的伤害，可见沙·贾汗对皇后的爱护。宫内墙上，珠宝镶成繁花佳卉，光彩照人。寝宫分5间宫室，陵墓的东西两侧屹立着两座形式相同的清真寺翼殿，为红砂石筑成。顶部是典型的白色圆顶，而兴建这两座清真寺的主要目的，是为了维持整座泰姬陵建筑的平衡效果，以达到对称之美。

泰姬陵整体设计上强调数学计算的精密、几何学构成的均衡、光学效应的变化、宇宙学图解的清晰。审美上突出女性柔美的气质，如水般睿智与宁静，又充满了皇家典雅恢宏的气度。

据说，泰姬陵最美丽的时候，是朗月当空的夜晚，因为白色的大理石陵寝在月光映照下会发出淡淡的紫色，清雅出尘，美得仿佛是下凡的仙女，给人一种恍若仙境的感觉，它不仅表现了沙·贾汗对爱妻的深切纪念，更是代表了莫卧儿建筑成就的高峰。人们对它怀有和对清真寺同样的崇敬的心情。泰姬陵是世界上完美艺术的典范，也是印度人民给人类的一份厚礼。

▼单调与繁复、直线与曲线在伊斯兰建筑艺术和印度传统艺术中实现完美的统一

古印度的佛教雕刻艺术

印度的建筑与雕刻艺术的思想基础是印度的佛教教义。自公元前273年无忧王（即阿育王）登基开始，佛教对印度的作用超过了历史上任何时期。

▲四头联体的狮子造型既高度写实又具有装饰性，显然是受了两河与波斯的影响，甚至可能是出自波斯艺匠之手

阿育王四狮柱头是阿育王（前273年—前232年）时代作为佛教标志的独立圆形石柱，保留至今共14座。最有名的是立于鹿野苑（释迦牟尼首次说法处）的四狮柱头，它是用产于巴拿勒斯附近的楚纳尔石制作的，其柱顶雕有四狮子，下垂长莲辫，石座上雕法轮、公牛、象、马、虎，以喻意佛法广大，弘扬四方。雄狮柱头已被用作印度的国徽。

石柱高约2.08米，分柱头和柱身两部分。整个柱头用灰色岩石雕刻而成，打磨得十分光润，上端雕刻着4只背对背蹲踞着的半身雄狮，它们站立在刻有象、马、牛、虎的饰带盘上，盘下是吊钟状的莲花，同波斯的牛形柱头有些相似之处。

石狮和柱头的造型十分精美细腻，其形式和表面的抛光术，被认为是受到了古代波斯的影响。这是因为希腊的马其顿王亚历山大（前356—前323）曾在公元前326年一度征服波斯后侵入过印度，虽然时间短暂，却使希腊、波斯的艺术风格在印度扎了根。

阿育王四狮柱头是留下的许多石柱中最完美的柱头。狮子的造型虽然是早期佛祖释迦牟尼的象征，但作为兽中之王的狮子，从埃及到波斯一直都是国王至高无上权威的象征。雕塑显示了古代印度艺术家们高超的雕塑技巧，同时也体现了古代印度广为吸收外来艺术语言丰富民族文化的特点。阿育王石柱柱头是印度艺术史上的里程碑，为后世的印度艺术的发展奠定了坚实的基础。

印度的佛像雕刻开始于贵霜时代的犍陀罗和马土腊。到了笈多时代，雕刻的繁盛地区则是马土腊与萨拉那特。古印度时期的犍陀罗一直是丝绸之路的要冲。公元前4世纪，当亚历山大把广阔的中亚地区变成了罗马帝国的殖民地后，希腊文化也沿着丝绸之路传入印度，以犍陀罗地区为核心进行传播。

印度的雕刻不像希腊那样是独立的圆雕，而多是庙宇石窟的附加装饰，多属于浮雕一类，主要着眼于正面看的效果。公元前后的早期雕刻都显得平直呆板，不够活泼动人。但随着生活与宗教的演化，这些雕刻中的美女和青年不再僵硬地站在那里手持佛子或法轮，而是有了谈情说爱的生活情节，人的体态也动起来，活起来，有了各式扭动的曲线。

▶有的雕刻摆脱了墙面或立柱的连体束缚，出现了纯粹的圆雕

佛教是印度本土的宗教，在没有范本借鉴的情况下，虽然他们尽量遵循着佛经的记载刻画，但犍陀罗的艺术家耳濡目染的仍是希腊式的风土建筑、衣着以及传统的希腊人物造像，作品仍是希腊风格。印度人从不用人形表现佛，他们常常以“双树和空座”代表佛，以“法轮”代表说法。

▼贵霜王朝第二代国王按照罗马帝国的金币规格铸造发行金币

犍陀罗艺术是公元 1 世纪在古印度的犍陀罗地区（今巴基斯坦白沙瓦一带）盛行的一种以希腊雕刻手法雕刻佛教人物形象的艺术。主要表现为宫殿寺庙的建筑，佛菩萨像的雕刻、绘画等，可以说是印度佛教的内容与希脂、罗马的雕刻结合而产生的。

▼犍陀罗造像以石雕为主流，亦有铜铸和黏土造像

最初的犍陀罗佛立像完全采用希腊雕像的表现手法，重心落在一条腿上，另一条腿放松。面容也与希腊神祇相似，椭圆形的脸庞，深眼窝，直鼻子，薄嘴唇，波浪形的卷发，身披希腊式衣褶厚重的长袍，表情静穆，沉思而内省。背后的光盘平整无装饰。这种佛陀形象以后逐步同印度本土艺术结合，演变为螺发、厚唇，身着透明袈裟的形象。

犍陀罗雕刻不断外传，影响巨大。在犍陀罗地区，人们首先打破了印度雕像艺术手法，将佛教中的佛陀本像用雕像表现出来，同时还

▼阿育王除了到处立石柱，也同时推广介于神灵与真实人像之间的精灵形象的雕刻

塑造了诸菩萨、力士、金刚的形象，这些形象都带有明显的希腊风格。这就是犍陀罗雕刻，或称犍陀罗艺术。犍陀罗石雕的石质多为本地区所产的青冷色的岩石，石质细密，适于雕刻。它发展到公元6世纪初叶，毁于匈奴人之手。

▲犍陀罗艺术在贵霜王朝时代得到了发展

贵霜王朝时代，希腊文化已经非常盛行。希腊文明与当地的印度文明和贵霜族的伊斯兰文明相结合，孕育出瑰丽的贵霜文明。除北方的犍陀罗艺术外，印度中部的马土腊和南部的阿马拉瓦提都出现了本地的雕刻艺术。犍陀罗佛像开始确立了佛像的相貌、手势（印）、立姿和坐姿（座）等造像仪轨。它们比犍陀罗更受希腊艺术的影响，更具有印度本土的民族风格，尤其是马土腊地区的雕刻艺术相当著名。

马土腊地处中印度和北印度的交接处，自古以来是商业、宗教和艺术名城，也是东西方贸易与文化交汇的地区。马土腊的雕刻传统颇为悠久，早期也遵循佛陀不表现的传统。后受希腊文化的影响，马土腊地区造像的大衣较犍陀罗薄透，体躯凸显，衣纹常见有在隆起的扁楞状上加刻阴线，或有扁圆形衣纹突起。

约创作于公元2世纪的红砂石雕刻《带鹦鹉的药叉女》（药叉女是印度女精灵的称谓）是马土腊雕刻的代表作品。药叉女有一张充满娇媚笑容的圆脸，她歪着头正聆听站在肩上的鹦鹉说话。她有丰满的胸部和双腿，细细的腰，活泼放纵的姿态。作品夸张了女性特征和女性的魅力，反映出印度民族崇尚肉感，偏爱裸体的审美标准，这种标准以后成为印度民族的审美传统。过分地夸张女性媚态或肉体总给人一种不够严肃规范的感觉，但在印度人看来，这却是值得骄傲和应当颂扬的东西。

不同民族的文化习俗和审美心理是有很大差别的。印度文化具有很强的包容性，每次外来民族的入侵，都给印度文化带来不同的成分，它们丰富了印度文化，与本土文化融为一体，使之不断推陈出新。印度文化虽然呈现出引人注目的多样性，但也具有明显的同一性，主要体现在印度人民对精神生活的重视。印度的艺术发展是在不断吸收异族文化的过程中逐渐发展和丰富起来的。

古印度建筑奇葩

从佛塔来历说起，不同国家的佛塔都具有独特的一面。民族文化交流关系与佛塔建筑的艺术价值和文化内涵息息相关。

最早，佛塔是用来供奉和安置舍利、经文和各种法物的，由台基、复钵、平头、竿、伞五部分组成，最初形式为圆冢，即埋遗体或舍利于土中。根据佛教文献记载，佛陀释迦牟尼涅槃后火化形成舍利，被当地几个国王收取，分别建塔加以供奉。

佛塔的建立在阿育王时期达到了空前高潮，在孔雀王朝所统领的小邦国内竟分建了8.4万座佛塔。这时期始造复钵式的塔，塔分两种，有舍利者称塔，无舍利者称支提。现存时间最早的塔始建于阿育王时期，公元前185年巽伽王朝（公元前85—公元73年）取代孔雀王朝统治了恒河流域，巽伽王朝留下来的主要佛教艺术遗迹是位于印度中央邦首府博帕尔附近的桑奇窣堵坡，那里还有同类型的其他几个窣堵坡，以这一窣堵坡又最具有代表性，它是中国古代佛塔建造的参照物。

桑奇大塔的形式是从印度史前时代的坟冢演变而来的。中央是复钵形塔体，塔顶上是方形平台和3层伞盖，塔的

▼阿格拉城堡是印度、伊斯兰艺术巅峰时期的代表作。琥珀堡是古印度藩王的都城，因使用奶白、浅黄、玫瑰红及纯白色石料建材，远远望去有如晶莹剔透的琥珀，虽经历漫长的岁月，失去了昔日的辉煌，但画梁和墙壁上精巧的雕刻与设计，仍隐约表现着昔日富丽堂皇的风貌

底部有基台和围栏，前面有阶梯上下。最外层还有绕塔围栏，围栏的四面各有一个牌坊状塔门。它是一个直径为32米、高12.8米的半球形建筑，用砖砌成，立在4.3米高的圆形台基上，半球体内层是泥土，外面是用砖砌的，里面埋藏着舍利盒。台基的直径为36.6米。塔顶有呈正方形的一圈石栏杆，围着一座托名佛邸的亭子，冠戴着3层华盖。东南西北四方各有一座雕刻精美的石门，石门、石栏上雕刻有以佛传故事和本生故事为主要内容的浮雕。其中最有特色的是东门上的浮雕，丰收女神身材丰满，动态夸张，展现了古代印度人的审美情趣。

▲阿育王雕像

从桑奇大塔的造型来看，它的构思比较原始，以半球体象征印度神话中孕育宇宙的金卵，半球体之上的伞柱象征宇宙之轴；3层伞盖代表佛、法、僧三宝，大塔周围的4座塔门标志着宇宙的4个方位。整个大塔的造型单纯、浑朴、完整统一，具有明显的稳定感和重量感，加上四周又有玲珑纤巧的栏杆和门作衬托，同半球体形成强烈的对比，使桑奇大塔显得更加庄严隆重。

桑奇大塔东门上的雕像中的美丽少女精灵双手托着繁茂的大树，扭动的身躯形成“S”形三道弯，几条外轮廓线给人以不同的节奏韵律感，那接近人体比例的写实性及对性部位的无掩饰的表现，使这件人体雕像成为印度东方美的典型作品。与希腊著名雕刻《阿芙洛狄忒》相比较，这升腾飞翔的女性造型更具生命的活力。

▲印度建筑特色

▶桑奇大塔始建于公元前3世纪，公元前2世纪扩建了基坛和围栏，公元前1世纪到公元1世纪增建了南北东西四座砂石塔门

塔作为一种宗教建筑出现后，其作用最初主要局限在佛教使用，但随着塔本身的世俗化，塔的作用也逐渐向其他领域扩展，另外由于塔这种建筑本身在建筑层面上相对于其他形式东方传统建筑的特殊性，因而衍生出很多很实际的用途。

印度另外一座举世闻名的建筑是位于印度亚穆纳河岸的阿格拉城堡，阿格拉城堡是莫卧儿王朝最杰出的皇帝阿克巴大帝所建。历时8年，后又经沙·贾汗、吉尔等皇帝不断扩建。

阿格拉城堡因建筑材料全部采用红砂岩又称“红堡”，与印度首都新德里市的红堡齐名。这座方圆1.5平方千米的宫堡，外形非常雄伟壮观，城堡周围，环绕着护城河及约长2.5千米、高10米的城墙，由红色硬质砂岩所构造。阿格拉堡内的建筑物是由许多不同风格的宫殿所组成的，是统治印度的历任莫卧儿君王所建。其中高大的城门和城墙，是阿克巴大帝所建，其样式融合了印度及中亚风格，洋溢着粗犷的气质。沙·贾汗王时代所建的宫殿，多半采用白色大理石建材，比较注重雕刻和装饰，充满细腻的风格。

阿格拉古堡建筑是印度伊斯兰艺术顶峰时期的代表作。古堡内的建筑物曾多达500多座，但保留至今者已经很少。加汉基尔宫是城堡中的重要建筑物，宫内大院四周有二层小楼环绕，宫墙金碧辉煌，彩画似锦。堡内的其他华丽的宫殿还有镜宫、扎罕宫、阿克巴宫、扎罕哥宫。这些建筑在设计风格上有些是典型的莫卧儿型，有些具有典型的印度设计风格，都洋溢着融合了波斯和印度建筑的粗犷气质，体现的是精湛的镶雕工艺和细腻柔和的独特风格。

▲当初城堡的主要功能是防御敌人，后来才变成皇室的住所

古印度佛教圣地

舍卫城是古印度佛教圣地，传为释迦牟尼长年居留说法处，也称作译室罗伐、罗伐悉底，意译为闻者、闻物、丰德、好道等。印度佛教圣地之一就位于中印度憍萨罗国舍卫城之南，略称祇园或祇树、祇园精舍、祇陀林、逝多林，意为松林、胜林。

祇树乃祇陀太子所有树林略称：给孤独即舍卫城长者须达多的异称，因长者夙怜孤独，好布施，故得此名。盖此园乃须达多长者为佛陀及其教团所建的僧坊，精舍建于祇陀太子的林苑，以二人共同成就此功德，故称祇树给孤独园。与王舍城的竹林精舍并称为佛教最早的两大精舍。园林中地面平正，约有 80 顷*，内有经行处、讲堂、温室、食堂、厨房、浴舍、病室、莲池、诸房舍。园林中央为香室（相当于今之佛殿），周围有 80 小房。围绕精舍之外，另有 18 僧伽蓝。

传说舍卫城当时有一位富商——须达多，因为乐善好施，经常救济孤苦穷人，因此被称为“给孤独长者”。由于做生意经常来往各地，须达多在竹林精舍拜访佛陀之后，内心十分敬重，决心邀请佛陀到舍卫城来。他看上波斯匿王的祇陀王子的芒果林园，可是王子不同意转让给他，最后王子说“只要你将园子用黄金铺满，然后用这些来交换”。没想到须达多真的用牛车运来黄金，一块块地铺在地上，王子被感动了，同意捐出林园建筑精舍，最后完成了祇园精舍。祇园精舍是祇陀王子和给孤独园的简称，相对竹林精舍是南方传教中心来说，祇园精舍

▶宗教传统艺术在笈多王朝时期得到了发展

* 顷为非法定计量单位，1 顷 =0.0667 平方千米。

▲精舍的左右池流清净，树林茂盛，众花异色，蔚然成观，佛陀曾多次在此说法，为最著名之遗迹

即为北方传教中心。

早在佛陀时代之前，舍卫城就已经出现在印度神话史诗中，《罗摩衍那》《摩诃婆罗多》和印度教《往事书》都提到了憍萨罗国。憍萨罗国的国都就是舍卫城。《摩诃婆罗多》记述传说中的室罗伐悉塔王曾经统治这里。根据佛教经典的描述，这里物产丰富，民众不愁吃穿，故被称为“一切有”，其梵文音译为“舍卫城”。释迦牟尼在悟道后的第三年应邀来到这里讲经说法。舍卫城原本就是耆那教等外道圣地，一时间这里成了印度北方思想最活跃的都市。

孔雀王朝兴起后，崇佛的阿育王来到舍卫城朝拜圣迹，建造了庙宇，并在东门竖起了两根 21 米高的石柱。从阿育王时代起，舍卫城开始升起了佛陀神奇传说的光芒。

▼印度的石窟壁画标志着宗教文化艺术的高峰

在印度，有一座同耶路撒冷一样是印度教徒心中圣地的城市是瓦拉纳西。瓦拉纳西在公元前4世纪—公元6世纪曾是学术中心，12世纪时为古王朝都城。7世纪，中国唐朝高僧玄奘历经千辛万苦，最终要到的极乐西天指的就是瓦拉纳西，在其所著《大唐西域记》中曾对该城风貌有过生动的描述。

▶耆那教初传播于恒河地区，产生时间大约与佛教相同，图为今天的耆那教教

传说在公元前6世纪，瓦拉纳西便已经开始存在，这座城是为婆罗门教和印度教主神之一的湿婆神所建。瓦拉纳西已经有6 000多年的历史，有2 000多座建于不同朝代的庙宇，建筑风格各异，形状多姿多彩，有着浓郁的宗教色彩。在这众多的庙宇殿阁中，莫卧儿王朝的阿乌伦格泽布清真寺、供奉湿婆神的维什瓦纳特金庙以及栖息着大量猴子的杜尔加古庙等最为著名，它们尽管已很残旧，却丝毫不影响每年接受数百万信徒和游人的参拜。

恒河流经瓦拉纳西，于是瓦拉纳西更被视为“圣城中的圣城”，成为印度古文明的象征。印度人心目中的圣河——恒河发源于喜马拉雅山区加尔瓦尔深谷的戈慕克冰穴，全长2 496千米。

◀瓦拉纳西位于印度恒河中游的北方邦东南部，是印度教徒心目中的圣城

不同装束的印度教徒都怀着虔诚的心灵，来到恒河边尽情沐浴，享受圣水的洗礼，以求用圣水冲刷自己身上的污浊或罪孽，并将此视为莫大的荣幸。印度教徒们相信在他们的一生之中，至少要有一次来到恒河沐浴净身，这样才可以洗去一切“罪孽”，求神赐福保佑，并希望死后能在这圣城的圣河举行火葬，然后把骨灰撒入恒河，灵魂就可得以升天。

▲据说，公元前500年，释迦牟尼第一次讲道就是在该城附近的鹿野苑

历代王朝于是先后在河两岸修筑了大小64个台阶码头，供人们作沐浴礼拜之用。每天都有数以万计的信徒会在这里接受洗礼、进行火葬，每年都有百万以上的印度教徒来此聚集，沐浴净身并举行大型宗教集会。对印度教徒而言，瓦拉纳西是最接近天堂的地方。

▼瓦拉纳西每年要接待印度教的朝拜者或是到恒河沐浴的人高达数百万

▲印度宗教风光

别具一格的佛学王国

佛教产生于公元前6世纪，由古印度迦毗罗卫国释迦族王子释迦牟尼（原名乔达摩·悉达多）创立的。这是一个关于乔达摩·悉达多的传奇：乔达摩·悉达多29岁的一天，他心中忽然充满了难以言表的不满。后来一连几年，他云游四方，因禁食而体衰，直到他决定在一棵大菩提树下通过认真冥想来解答人生苦难之谜。49天后，他顿悟玄机，达到成道的境界，终于在菩提树下悟道成佛。从这一刻起，他在恒河流域中部的巴纳拉斯（今瓦拉纳西）第一次布道，并从此带领他的追随者云游四方，传教45年，宣传自己的佛教理论。他开始被称为悟道者，被尊称为“释迦牟尼”（释迦族的圣人）、佛陀（觉者）。

释迦牟尼的传教方式是不拘一格的随机宣讲。他用偈颂、散文、故事、譬喻、直叙、问答等各种形式，在不同的场合，针对不同的对象，宣说不同的内容。对僧众谈论出离生死、证得无上正觉，对俗人谈论道德、行善。

鹿野苑是佛教著名的“四大圣地”之一，传为释迦牟尼在菩提伽耶得道成佛后第一次讲法（初转法轮）处。最初，释迦牟尼的说教是口传的，为了便于记忆，多采取偈颂的形式。他的弟子们在摩揭陀国举行佛教第一次大“结集”，结成佛教经典——“三藏”中的经藏和律藏，这是原始经典。公元前386年，释迦牟尼为排解教派纷争，在吠舍厘城召开佛教第二次大“结集”，进一步修订了佛经。后来编集为由经、律、论组成的“三藏”。

佛教对其教主及佛法的开创者佛陀的认识、定位以及态度，即佛陀观，始终处于不断地变化之中，但都以历史上的佛陀的人格、自觉、说法、行为为基础。对于佛陀的态度，大乘佛教与声闻乘佛教虽有差别，但是对于释迦牟尼的佛祖地位和至高无上的权威性，均无异议。

▼许多人都相信释迦牟尼，崇拜他，他的思想很快被流传开来

在释迦牟尼佛陀逝世100年后，佛教内部由于对戒律和教义看法的不同，开始出现分裂，先后形成了许多部派。他们传授的教法和戒律互有异同，各个传承系统很自然地按照地域划分其势力范围，日久之后，受到各地环境的影响而具有各自的特色。在学说思想

方面，有的态度偏于自由进取，对佛陀所说的教法，只取大意，对戒律的受持，也有所通融；有的偏于固执保守，拘泥教条，不敢有所出入；有的介乎二者之间。

▲释迦牟尼准许弟子可不用规范化的梵语，而用地区方言进行说教。这就使得他的思想学说在社会上得到广泛的传播

从学说的思想发展来看，可以把印度佛教分为5个时期：第一，佛陀逝世后约100年之间为原始佛教时期；第二，在这之后约400年之间为部派分裂时期；第三，此后约400年为大乘中观学派兴盛时期；第四，此后又约400年为大乘瑜伽学派兴盛时期，这一时期的后期，密宗颇为流行；第五，最后约300年为密宗盛行时期。按佛教传播方向，可分为北传、南传和藏传三部分：北传即是向西北传入巴克特里亚（今阿富汗北部、乌兹别克斯坦南部一带），继而向东传入西域、中原等地；南传即向南先传入斯里兰卡，后陆续传入缅甸、泰国、印度尼西亚；藏传佛教（喇嘛教）的传入比北传、南传佛教要晚一些，并发生较大变化。

▲盛有佛陀真身舍利的盒子

▼大乘佛教导说人人皆为菩萨，最终将修成正果

佛教自公元前6世纪在印度产生后，发展到公元前3世纪上半叶孔雀王朝（前324—前185）第三代雄主阿育王时代，阿育王布施时，动辄以百万计，建佛舍利塔8.4万座，修精舍，厚待供僧，乃至使外道因贪图阿育王对待僧侣的高额待遇，纷纷进入阿育王所建的鸡园寺做僧伽，因此破坏了僧伽之间的和合。

8—9世纪以后，由于印度教的兴盛，佛教僧团日益衰败，内部派系纷争不已，从而日趋式微。后来又由于伊斯兰教的大

规模传播，重要寺院被毁，僧徒星散，到13世纪初，佛教僧团终于一蹶不振，趋于消亡。

随着印度经济和社会现代化进程的推进，印度文化的变化既不会抛弃传统，也不会因循守旧；既不会邯郸学步，失去自我，也不会发生所谓的西化。宗教从古至今一直主宰着人们的精神生活，左右着人们的价值观念和行为准则。

▼印度传统文化的显著特色之一是它的宗教性，尽管印度文化会大量吸收西方文化的营养，但印度文化具有自己独特的个性和价值体系

古印度科技的长廊

▲古代印度最伟大的天文学家阿耶波多精确地计算出了太阳年的长度

古印度人的数学继承了巴比伦的代数传统，而不是希腊的几何传统。古代印度的阿耶波多研究过算术级数的求和法，并企图求得二次方程和线性不定方程式的解，还提出使用角的正弦，而不用古希腊人的“弦”，从而创立了三角学的研究。

婆罗门笈多把明显的代数方法用于天文学计算问题上。他提供了解一次方程的一般方法和从二次方程求得一个根的方法，还求得有两个平行边的任意四边形的面积的一般公式。摩诃吠罗讨论了加减乘除四则运算以及符号零的用法。他认为以零除任何数结果是零。后来跋斯迦罗第一次指出，以零除任何数结果是无限大。摩诃迦罗提出了两个问题，这在中国的《九章算术》中也出现过。古印度对现代科学的最大贡献是现在全世界通用的计数法以及一般代数的演算方法。

古印度的其他科学都是从别的国家和民族汲取来的。古印度的炼金术和中国的一样，虽然也把炼金术包括在内，但首先是企图制成长生药。印度人同样认为炼制金子和长生药的配方中的主要成分是水银和硫黄，但是印度人把水银看作阳性的，把硫黄看作阴性的。除了水银和硫黄之外，当时印度人还有一种五元素之说，即土、水、气、火，加上以太或空间本身。这种说法可能是从古希腊人那里传来的，这种哲学在当时的婆罗门教徒和耆那教徒中颇受欢迎。

至今未能破解的科学之谜当数立在印度夏麦哈洛里的熟铁铸成的实心铁柱。从理论上说，铁是最容易生锈的金属，纯铁是不生锈的，但纯铁造价高贵。一般的铸铁，不用说千年，几十年就锈蚀殆尽了。但据分析，这根高6.7米，直径约0.37米的实心铁柱，其中含有一些杂质，绝非纯铁。在柱顶饰有颇具古色的花纹，根据柱上清晰的刻印文字推断，此柱大约制成于公元前380—前330年，至少已存在了上千年，难道说在1 500年以前古印度人民就掌握了先进的冶炼和铸造技术，但后来这种制作不锈铁器的技术失传了？古印度的这项遗迹可以算作是冶金史上的一项成就。

古印度在自然科学领域也取得了不少成就，其中天文学、数学、医学方面的成就比较突出。在天文学方面，由于农业生产和生活方面的需要，古印度居民很早就注意观察天象，对恒星也作了许多细致的观测。早在吠陀时代，他们就把黄道附近的恒星划分为27宿，“宿”的梵文就是“月站”之意。就是说，他们把月亮在天空的位置划为27处，每一处都是月亮之站台。但他们认为，太阳、月亮、星星都是围绕地球转的。他们把一年分为12个月，每月30天，一年共360天，所余差额用每隔5年加1闰月的方法来弥补。关于季节的划分，除我们熟悉的春夏秋冬四季外，还有热时、雨时、寒时的三分法，以及渐热、盛热、雨时、茂时、渐寒、盛寒的六分法。

古印度比较著名的天文历史著作，是公元前6世纪形成的《太阳悉檀多》。这部著作讲述了时间的测量、分至点、日月食、行星的运动和测量仪器等许多问题。公元前505年，古印度就有了综合性的天文学著作《五大历数全书》。此书是汇集了古印度5种最重要的天文学历法著作。公元前5世纪后期，圣使所著的《圣使集》也是一部杰出的天文学著作，其中提到天球运动是地球绕地轴旋转而见到的现象，这一超时代的正确见解，并没有被当时的人所接受。在这部天文学著作中，还讨论了日、月和行星的运动以及推算日食、月食的方法等。

古印度人在天文历法方面虽然做了许多有意义的工作，但是他们不十分注重实际的天文观测，因此在长时间内都还只是一些比较简单的观测仪器，直至18世纪才在德里等地建立起一些有较为复杂的观测仪器的天文台。

在医学方面，《阿闼婆吠陀》中已记载了77种病症之名，并开出了对

◀孤零零地矗立在那里的铁柱，好像一个不可理解的物证，等待人类去解谜

1	2	3	4	5	6	7	8	9	0
१	२	३	४	५	६	७	८	९	०

◀这些简单的数字在8世纪传入伊斯兰世界，被阿拉伯人采用并改进，之后经阿拉伯人传入西方，称为“阿拉伯数字”

症的药方，但这些记载也夹杂着巫术迷信。古印度最著名的医学著作是《舍罗迦本集》和《妙闻本集》。相传舍罗迦是迦腻色迦的御医，他的书被誉为医学百科全书，其中探讨了诊断、疾病预后和疾病分类问题，并把营养、睡眠与节食视为维护人体健康的三大要素。书中提到的药物有500种，内容比较广泛，除解剖学、生理学、病理学外，还研究了内科、外科、儿科和妇产科病症达1 120种。尤其是在外科手术上有相当高的水平，书中记有120种外科器具，并有除疝气、治疗膀胱结石、剖宫产等手术方法，所记药物多达760种。这两本书直至今天仍有实用价值。

说到数学，古印度最重要的成就是发明了10个数字符号（0是以黑点表示）和定位记数法。这种记数法为中亚地区许多民族采用，后又经阿拉伯人对10个数字略加修改后传到欧洲，逐渐演变为现今全世界通用的“阿拉伯计数法”。

古印度时代在没有科学理念，没有科技手段，又没有前人经验可以借鉴的情况下，在冶炼、天文、医药及数学等方面能做出如此之多的科学研究，应该说是古印度人民对人类极为宝贵的贡献。

▼观测仪器吸收了古代印度的天文学之长，至今保存完好

健康生活的哲学——瑜伽

瑜伽在印度已经流传了数千年，是印度人民智慧的结晶。

“瑜伽”一词的本意是连接和相应，最初的意思是驾驭牛马，从遥远的古代起，它也代表设想帮助人达到最高目的的某些实践或是修炼。可见瑜伽是一种修炼、思维、生活的方法，可以帮助人获得智慧、平和、成功。瑜伽的起源最早可以追溯到印度河文明时期，至少可追溯到公元前3000年以前。5 000年来，它一直是印度的国粹，是印度文化的一个重要组成部分。

印度古代的伟大贤哲帕坦伽利在《瑜伽经》中把它系统化为一种特别的心灵境界。在这之后又出现过许多重要的瑜伽版本，但是，帕坦伽利的《瑜伽经》仍然有自己的独到卓越之处。传说古印度高达8 000米的圣母山上，有人修成圣人，亦有人成为修行者，他们将修炼秘密传授给有意追求者，因而沿传至今。

瑜伽是印度先贤在最深沉的观想和静定状态下，从直觉感悟生命的认知。《瑜伽修持秘要》是理论和实践互相参证的法典。瑜伽修持者开始只有少数人，一般在寺院、乡间小舍、喜马拉雅山的洞穴和茂密森林中心地带修持，由瑜伽师讲授给那些愿意接受的门徒。以后瑜伽逐步在印度普通人中间流传开来。

传统的瑜伽方法分为：哈塔瑜伽、八部瑜伽、思辨瑜伽、业报瑜伽、爱心瑜伽。瑜伽的意义是通过努力发展个体存在的潜在能力实现自我完美的一种方法论。这就是说，瑜伽象征某种进程，通过这种进程，人们能够学到最契合的生活方式。达到这一境域后，它就成了需要坚贞警觉和包罗生活万象的永久进程。

在印度，人们相信通过瑜伽可以摆脱轮回的痛苦，将内在的自我与宇宙的无上我合一；通过瑜伽将产生轮回的种子烧毁，心的主体被证悟，一切障碍都将不存在。在印度现在很难区分瑜伽与印度教的关系，在寺庙中、在经典中、在生活中、在许许多多的范围内，两者的关系都彼此相

▼古印度的瑜伽修行者雕塑

▲瑜伽是东方最古老的强身术之一

互融合。

瑜伽定义是将身体置于一种平稳、安静、舒适的姿势。瑜伽的完美坐势必须保持放松而非强迫的方式，使身心宁静，然后将意识集中导向无限的本体之中。瑜伽与任何宗教不发生对立，甚至多数宗派都采用瑜伽作为其修行的一种方法。古印度瑜伽修行者在大自然中修炼身心时，无意中发现各种动物与植物天生具有治疗、放松、睡眠，或保持清醒的方法，患病时能不经任何治疗而自然痊愈。古印度瑜伽修行者据此观察、模仿并亲自体验，根据动物的姿势，创立出一系列有益身心的锻炼系统，也就是体位法。这些姿势历经了5 000多年的锤炼，教给人们治愈法，让世世代代的人从中获益。

瑜伽也是一种生活态度和方式，而不单单是一种健身方法，是以体验与实践为根基的理论，是使身体的训练与精神的净化获得统一，使其得到解脱的修行方法。

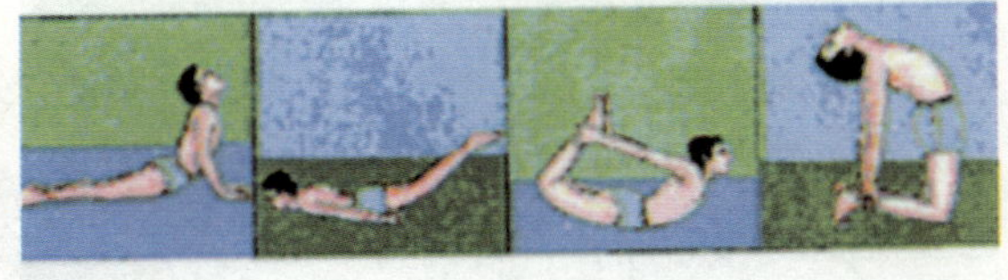

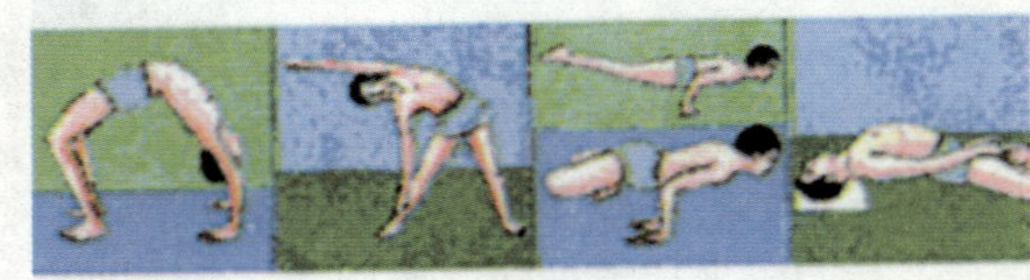

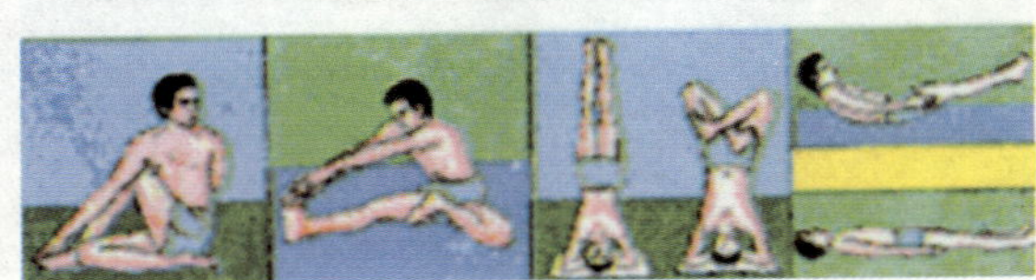

▶修炼瑜伽能增进人体健康，具有调节情绪、改善睡眠、减轻疲劳、舒筋活血、增强免疫力等医学功效

渐露锋芒的美术

印度艺术是印度文化的重要组成部分，已有 5 000 余年的历史，其内容深奥，形式丰富，独具特色，自成体系，对亚洲各国的艺术曾产生过巨大影响。

印度艺术往往是宗教信仰的象征或哲学观念的隐喻，而非审美的对象。印度本土传统艺术最显著的特征是具有强烈的生命感，富有传统艺术特色的奇特的想象力，以及浓厚的装饰性，这些既可从达罗毗荼人的生殖崇拜文化中追溯渊源，亦可在印度河文明时代的艺术中窥见端倪。

印度艺术分为佛教艺术和印度教艺术两大系统：佛教伦理学注重沉思内省，佛教艺术便强调宁静平衡，以古典主义的静穆和谐为最高境界；印度教宇宙论崇尚生命活力，以巴洛克风格的激动、夸张为终极目标。而大乘佛教被印度教同化蜕变为密教，密教艺术倾向于巴洛克的繁缛绚烂。同时，印度的古典主义并不完全摒弃华丽的装饰；印度的巴洛克风格也并不完全排斥静态的表现。

史前时代的艺术基本上属于前艺术或准艺术的范畴。印度旧石器时代的工具多系粗糙的石英石器物，之后出现的工具从简陋到精

▲约在公元前 1700 年印度河文明突然中断了，但历史时代的印度美术在精神上仍然与印度河文明时代的美术传统遥相呼应

▼印度教美术追求动态和变化

▲印度耆那教庙宇的建筑、雕刻吸收了波斯、希腊的岩石技术，普遍采用砂石作为建筑和雕刻的材料

▲至今人们仍未能读出印章上文字和图形的象征意义

致，从单调到丰富，逐渐显示出次大陆原始居民审美意识萌芽的最初迹象。

印度河流域是印度文明的发祥地。印度河文明城市遗址中出土的母神、祭司、舞女、公牛等小雕像，瘤牛、独角兽、兽主、菩提树女神等印章，红底黑纹陶器上描绘的各种动植物花纹和几何形图案，多属于祈愿土地丰产、生命繁衍的形象化或抽象化的符号。

伴随着雅利安人的入侵和东进，印度文明的中心逐渐转移到恒河流域。吠陀时代，植根于自然崇拜的雅利安人的游牧文化，开始与植根于生殖崇拜的达罗毗荼人的农耕文化互相渗透、融合，逐渐形成了统一的印度文化。早期王朝的艺术处于佛教艺术的草创阶段，古风风格占主导地位。

▲印度笈多时代的艺术、建筑和文学都呈现出欣欣向荣的景象，这是一尊笈多时期的佛陀青铜像

▼凯拉萨神殿的多幅彩绘、壁画、雕像都浑厚雄劲，栩栩如生

印度艺术史上的第一个高峰是在孔雀王朝第三代皇帝阿育王（约前273— 前 232 在位）统治时期，这是印度文化与伊朗、希腊文化最初交流的时代。例如阿育王狮子柱头是象征性、写实性与装饰性完美结合的雕刻杰作。持拂药叉女的雕像虽属于正面直立的古风式雕像，但造型浑朴温雅，丰腴圆润，已孕育着印度标准女性美的雏形。

古代印度是神话之邦，宗教、哲学异常发达。因此古印度的青铜造像往往是神话的象征、宗教的偶像和哲学的隐喻，融

铸着诸神之灵。印度青铜造像的传统非常悠久，可以追溯到约公元前2500—前1500年印度河时代的青铜小雕像“舞女”。公元前9世纪—公元6世纪相继兴起的婆罗门教(印度教的前身)、佛教和耆那教，为古代印度艺术包括青铜造像提供了永恒的主题。印度中世纪（7—13世纪）时期，青铜造像达到艺术创造的鼎盛时期。

◀舞蹈的湿婆雕塑精美绝伦，神采飞扬，工艺非常精细

古印度艺术继续向着更高层次发展，代表着印度巴洛克艺术的最高成就的凯拉萨神庙雕刻，动态强烈，变化丰富，活力充沛；约在同时期开凿的象岛石窟湿婆神庙，雕刻也富有印度巴洛克艺术的特色，其中的巨岩雕刻《湿婆三面像》造型集优美、崇高、优雅、狞厉于一身，动态灵活，寓创造、保存、毁灭之奥义，堪称世界雕刻名作，是南印度巴洛克风格盛期雕塑的典范。

犍陀罗地区是贵霜王朝的政治、贸易与艺术中心，东西方文化荟萃之地。犍陀罗艺术的外来文化色彩十分浓郁。贵霜时代的艺术处于佛教艺术的繁盛阶段，总的风格趋向于从古风风格向古典主义风格过渡。南印度的阿默拉沃蒂的佛教雕刻自成一派，与犍陀罗、马图拉并为贵霜时代的三大艺术中心。

任何一个民族、一个国家艺术的产生，原因都是多方面的。印度艺术的兴起与发展具有一定的原因，探索这些原因将有助于人们寻找艺术史上那些难以觉察的历史、社会因素，有助于人们了解这些原因对印度艺术形成的难以磨灭的影响。

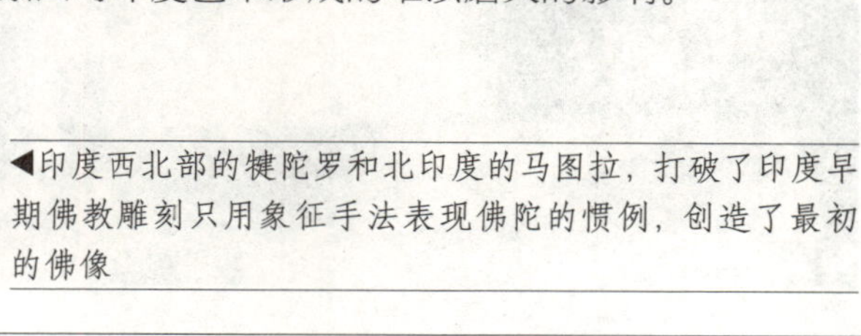

◀印度西北部的犍陀罗和北印度的马图拉，打破了印度早期佛教雕刻只用象征手法表现佛陀的惯例，创造了最初的佛像

举世瞩目的画廊瑰宝

▲阿旃陀石窟标志着印度宗教文化的高峰

作为佛教艺术的经典之作，始建于公元前2—前1世纪的阿旃陀佛教石窟遗址，具有相当重要的艺术影响力。

“阿旃陀”一词来源于梵语“阿谨提那”，意为“无想”“无思”。当时佛教被定为国教，虔诚的佛教徒们为敬奉佛祖、研读经书、修身养性，找到了这个丘陵起伏、景色秀丽的幽山深谷。阿旃陀石窟自公元前1世纪开始建造，在5—6世纪的笈多时期，又大规模扩建、修饰，增加了很多更加绚丽多彩的石窟。7世纪时才完工，一时间，这里僧侣云集、香火不断。后来，随着佛教在印度的衰落，这里便逐渐荒废，湮没在了泥土流沙之中。

阿旃陀石窟高低错落，从东到西长550米，全部开凿在离地面10～30米不等的崖面上。石窟环抱成新月形，俯瞰清流翠谷。这些洞窟建成时间不一，其壁画各有特色，是古印度佛教艺术遗址。石窟展现在人们眼前的是从公元前200—公元650年之间佛教传播的历史过程。

石窟有大量的雕刻与壁画，以宣扬佛教为主要内容，大量现存壁画的主要内容是释迦牟尼的生平故事，还有一些反映的是笈多王朝的宫廷生活。有关于释迦牟尼的诞生、出家、修行、成道、降魔、说法、涅槃的壁画，也有反映古代印度人民生活及帝王宫廷生活的画面。石窟的大量雕刻中有人物、花卉、宫廷、田舍、飞禽、走兽等，构图大胆，笔调活泼，形象逼真，引人注目。当时艺术家以丰富的想象力，运用瑰丽的色调，描绘了将近1 000年间印度社会各种各样的生活情况，将它们表现得生动活泼，具体细腻，有声有色，令人钦仰。

▼印度的阿旃陀石窟是古代印度佛教徒建造的佛殿和僧房

阿旃陀以其壁画艺术著称。由于洞窟开凿年代分属

▲印度佛教石窟

▲形象逼真的阿旃陀石窟中的大象雕像

▲阿旃陀壁画构图复杂而又和谐紧凑，笔调活泼，人物体态匀称，表情生动，具有重要的史料价值

三个不同时期，所存壁画亦呈现出三种不同风格。涉及佛教的小乘形式的绘画，绘制于公元前后，壁画的内容主要是宗教性的，题材直接取自佛经，内容描绘了佛陀成佛前修行的故事；也有宣扬宗教哲理的美好神话；还有描写当时印度社会生活和宫廷生活等情景的。壁画内容十分丰富，具有极高的艺术价值。

绘制于6世纪左右的绘画，以人像和建筑图案的配合为特色，构图富于变化，线条流畅，笔法洗练，色彩绚丽，内容多为佛教宣传。绘制于7世纪左右的绘画，世俗性题材增多，与中国、波斯等外来的风格融合混杂，对社会生活的各方面都有所表现，如帝王宫廷欢宴、狩猎、朝觐的场面，飞禽走兽、奇花异卉等，构图活泼，栩栩如生。《波斯使节来朝图》记录了波斯和印度的通好的历史。

阿旃陀石窟的绘画与雕刻虽然是为宗教服务的，但内容都以当时现实生活为基础，洋溢着浓厚的生活气息，是当时印度社会生活的写照，反映出社会各个阶层的真实面貌。古印度人竟把一座石山变成了壮丽的艺术宝库，充分体现了古印度人民的伟大创造力。

阿旃陀石窟建筑在表现技巧上，构图和谐紧凑，人体肌肤富于质感，绘制的精美壁画上下纵跨千年，达到了很高的艺术水平，体现了古印度艺术的独特风格和高超技巧，是建筑、雕刻、绘画三种艺术结合的范例，至今为各国艺术家们所推崇，堪称印度壁画之冠，不愧为印度艺术的宝库、人类文化的奇迹。

▼阿旃陀壁画构图和谐，线条舒展，形象逼真，达到了很高的艺术水平

第四章

阿拉伯的科学与文化

自公元 7 世纪起，在其后的一二百年间，阿拉伯人初步建立起一个西起西班牙比利牛斯山脉，东至印度，横跨亚、非、欧的世界性帝国——阿拉伯帝国。阿拉伯文明自此诞生，并且发展到很高的水平。

阿拉伯文明重视求知，广泛吸取各个文明的知识精髓。阿拉伯文明作为世界上最先进文明之一的优势地位，保持了 500 年之久。

在阿巴斯时期，很多欧洲的书籍被翻译成阿拉伯文并保存下来，为世界保留了珍贵的文化遗产。到 12、13 世纪时，这些被翻译成阿拉伯文的人类重要的文化遗产重新被译成拉丁文，再次传入西方，引发了欧洲的文艺复兴和启蒙运动。

阿拉伯文明在世界文明发展中的贡献被形容为“保存了人类文明精华的火种，并成为文艺复兴的灯塔”。

民间故事中的灿烂明珠

在世界文学百花园中，《一千零一夜》这部中世纪最伟大的民间文学巨著，多少世纪以来一直盛传不衰，至今仍对世界文化产生着极为深远的影响。

《一千零一夜》是著名的古代阿拉伯民间故事集，在西方被称为《阿拉伯之夜》，在中国却有一个独特的称呼：《天方夜谭》。

▲《一千零一夜》是世界上最具生命力、最负盛名，拥有最多读者和影响最大的作品之一

“天方”是中国古代对阿拉伯的称呼，指的是克尔伯神庙（天房），指称阿拉伯；夜谭，指夜间讲的故事。书中包罗了各种各样的精彩故事，荟萃了阿拉伯世界民间故事精华，是规模最大的阿拉伯民间故事集。其中收集了各地、各时期、各民族的现有传说，包括寓言、童话、冒险、爱情、名人轶事等各类故事，经过加工整理而成。此书内容繁杂，以格言、寓言、童话、恋爱、冒险、谚语为主，反映了当时广大阶层的各种普遍现象，表达了对恶的憎恨，赞扬了高尚的品质，表现出人们对美好生活的向往，其想象丰富、描写生动、故事曲折，此书以民间文学的身份却能跻身于世界古典名著之列，堪称是世界文学史上的一大奇迹。

《一千零一夜》名称的起源在故事集的开头作了交代：相传在古代，有一个岛国名叫萨桑国，国王山鲁亚尔生性残暴嫉妒，由于王后行为不端，国王把她杀了。此后他每天娶一个少女做王后，翌日晨即将她杀掉，以示报复。宰相的女儿山鲁佐德，为拯救无辜的同胞，自愿嫁给国王。她用讲故事的方法吸引国王，使他爱不忍杀。她每次讲到最动人的地方，天刚好亮了。“欲知后事如何，且听下回分解。”这样一直拖了一千零一夜，国王终于被感化，遂鸾凤和鸣，白首偕老。显然，书中这种处理方式主要是出于艺术的虚构，以此作为串联几百个互不关联的故事的线索和手段。

▼故事描绘了中古时期阿拉伯世界的社会状况

故事一开始在民间流传，是和阿拉伯帝国的形成、稳定以及在政治、经济、军事、宗教和文化上的繁荣、发展有着极为密切的关系的。随着阿拉伯帝国的最后形成，阿拉伯民族固有的文化受到被征服民族文化的影响，又融合了希腊文化和印度文化的积极成

分，创造了中世纪灿烂的阿拉伯新文化。文化学术的发展促进了民间文化的繁荣。当时阿拉伯人的一种民间文艺——说书，得到了进一步发展。许多故事早在中世纪就通过当时属于阿拉伯帝国版图的安达卢西亚、西西里岛，通过十字军东征和其他接触与交流的途径，传到西方，对西方的文化、文学乃至欧洲的文艺复兴运动产生过巨大的影响。

▲《一千零一夜》是一部深受世界各国读者喜爱的阿拉伯民间故事集

通过对《一千零一夜》各个故事思想内容的剖析，我们可以看到，这部作品的主要成就在于它以朴素的现实描绘和浪漫的幻想互相交织的表现手法，结合丰富的想象、大胆的夸张，构成扑朔迷离的艺术境界，生动地反映了广大人民群众对于美好生活的憧憬，也表现了他们的爱憎情感和淳朴善良的品质。

▼《一千零一夜》记录了许多美妙的故事，集中反映了伊斯兰教世界各族人民的社会生活和风俗习惯

《一千零一夜》中的许多故事，都具有相似的思想内容。它们的主人公都是一些社会地位十分低下、受人欺侮、凌辱的劳苦大众，但是他们个个淳朴善良、刚毅正直。其中有不少故事用辛辣的笔触揭露了中世纪阿拉伯社会的黑暗与不幸，描写了广大人民群众的疾苦，反映了他们对于现实生活的不满，在某种程度上再现了当时的历史真实，这正是故事集现实主义表现手法的体现。

《一千零一夜》在长期流传过程中经过宗教祭司和文人学士的篡改加工，混杂了不少剥削阶级意识和宗教观念。书中还宣扬了富商巨贾的“美德”，发财致富的“奥秘”，轻视妇女、丑化奴隶等剥削阶级思想。但《一千零一夜》以其博大的内涵、高超的艺术，描绘了中古时期阿拉伯地区广阔丰富的生活画面，为后世作家的创作提供了充分的养料，对世界文学产生

▲《一千零一夜》在长期流传过程中混杂了不少剥削阶级意识和宗教观念

了巨大而深远的影响。但丁、薄伽丘、莎士比亚、歌德等人的创作，都曾受到过它的启示。其对歌舞、戏剧、影视等艺术领域的影响同样广泛而深远。埃及戏剧家陶菲格·哈基姆的剧本《阿里巴巴》、《山鲁佐德》更是直接取材于《一千零一夜》。看过普希金的童话诗《渔夫和金鱼的故事》，立即会联想到《渔翁的故事》；哥伦比亚作家马尔克斯的魔幻现实主义代表作《百年孤独》中出现的飞毯、会飞的床单、神灯等都明显来自于《一千零一夜》。

当然，《一千零一夜》尽管具备了民间故事的基本特点，但在艺术创作上也并不是完美无缺的。有些故事结构不够严谨，情节大同小异，有的主题不够鲜明。在文字技巧上，往往通俗有余，精练不足，有些描写千篇一律，显得单调刻板。

《一千零一夜》是在阿拉伯新文化的沃土中孕育而成的，它流传于中世纪阿拉伯伊斯兰教帝国时代，具有比较浓厚的伊斯兰教色彩。它是阿拉伯帝国境内各族人民的共同创造，也是阿拉伯新文化的辉煌成果之一。

▶《一千零一夜》中所载的故事情节曲折、引人入胜，是研究阿拉伯历史的宝贵资料，曾被译成多国文字，在世界各地流传

奉献给人类的科技厚礼

阿拉伯人不仅在不很长的时期内迅速发展了自己的科学技术，而且还为世界科学技术的发展作出了特殊的贡献。

阿拉伯在化学、药物学和制备药物的技艺方面很有成就。当时的化学即所谓“炼金术”。炼金术的目的有两个：一是变贱金属为贵金属；二是炼制长生不老之药。

阿拉伯人对科学中最有实验性的化学的研究具有非常浓厚的兴趣，并作出了卓越的成绩。阿拉伯人哈扬（721—815）与拉齐（被认为是“化学之父”）在化学实验中确立了实验法的重要地位。哈扬在化学实验中确立了实验法的重要地位；他不但首先发现了几种化合物，还掌握一些采用硫酸制取硫酸盐等化合物以及使用酸来溶解某些惰性金属如金、银的技术，并且精通黄金提炼术。阿拉伯的化学家发明并命名了蒸馏器，区别了各种酸和碱，完成了对无数物质的化学分析，并且还研究和制造了数百种药品。

阿拉伯人在数学上的重要贡献首先是从印度人那儿吸收并创造了阿拉伯数码。阿拉伯人还继承和发展了印度数学家处理未知数的方法，发展了代数学。“代数” 一词就来自阿拉伯著名数学家阿尔·花拉子密(780—835) 所著的《算术和代数论著》一书。他年轻时在巴格达“智慧馆”从事天文学和数学研究。花拉子密把印度数字“1、2、3、4、5、6、7、8、9、0”介绍给阿拉伯人和西方。西方人误认为这些是阿拉伯数字，所以就把这些数字传为阿拉伯数字，这些称呼沿用至今。

▼阿拉伯炼金术中的炼金设备及所用药物都与中国的炼金术大致相同

花拉子密把古印度人的研究成果继承下来，他写了一本论述印度数学的书籍。在《复原和化简的科学》中，花拉子密谈了一次和二次方程的解法，介绍了当时实用的测量技术与

▲阿拉伯的化学家们还会制造少量的硫酸、硝酸

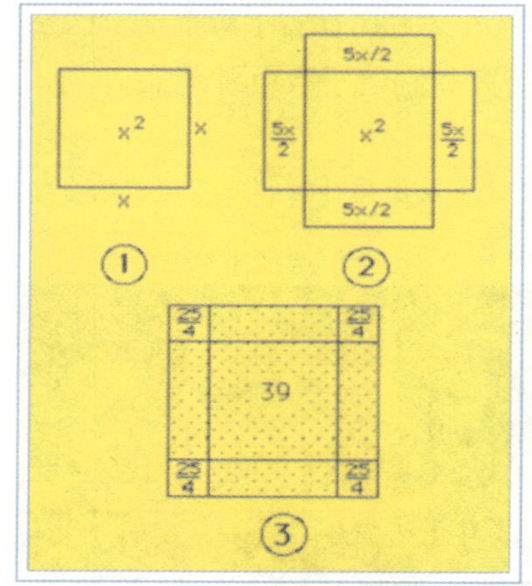

▲花拉子密首先提出代数的数学问题都是由根、平方数、和数三部分组成

计算方法，讨论了用“代数方法”解决“遗产分配问题”的途径。“代数”一词原是花拉子密最先使用的，后来被人由阿拉伯文译成拉丁文介绍到西方去，再由西方传到东方，才译成汉字“代数”。花拉子密将起源于古印度的算术方法和代数思想传播到世界。

阿拉伯人还发展了三角术。艾布·卡米勒（约850—930）著有《计算技巧珍本》与《论五边形和十边形》两本数学著作。其主要成就是关于四次方程的解法与如何处理无理系数的二次方程。后来，卡亚（1048—1131）研究过二次代数方程和三次代数方程的解法，写成一部讨论代数问题的书，在阿拉伯数学发展史上也留下浓墨重彩的一笔。阿拉伯时期，初等数学的主要门类齐全，高次方程、各种几何学和三角学都有了解决方法。卡西（生年不详，大概逝于1436年）曾经计算过圆的内接正多边形和外切正多边形边长，其边数达到3×10^{28}，并以此求得圆周率（π）的值是3.14159265358979325，精确到小数点后17位。这个精确纪录保持了100多年，打破了中国数学家祖冲之在5世纪创造的圆周率最佳计算值的纪录。

在医药科技方面，古代阿拉伯也有重要成就。阿拉伯人民在长期的实践中创造的医疗方法，例如放血疗法等代代相传。阿维森纳（980—1037）精通医学、哲学、逻辑学、神学、语言学、物理学和地理学，由于他在医学上学识广博，被誉为“医学之王”。

阿维森纳首先发现了“感染”是产生疾病的原因之一，他不但指出肺结核是感染性疾病，还认识到钩虫病是由肠道寄生虫引起的，在他的著作里还描述和记录了有关心脏病药物的提炼及皮肤病、神经与精神疾病等病症。

在阿拉伯医书中，以阿维森纳写的一部百万字的百科全

▶花拉子密是阿拉伯数学的开创者

▲艾布·卡米勒被人称作“埃及的计算家”

▲阿维森纳是伟大的哲学家、科学家、医学家

书式的《医典》最为著名，对西方医学影响力最大，是阿拉伯医学的最高成果。这本阿拉伯医学的百科全书内容广泛，涵盖了当时临床医学、药物学、卫生学和生理学等领域的医药科技。书中还提到日光疗法、空气疗法和水疗等。

阿拉伯的医学家广泛吸收希腊、印度、波斯、阿拉伯以及中国的医学成果。在医学上，还有一位著名的医学家阿尔·拉齐（864—932，波斯人），他不但是一位杰出的化学家与哲学家，还创立了新的医疗体系与方法。他是外科串线法和内科精神治疗法的发明者，也是世界上第一位准确描述并鉴别天花与麻疹者，且将它们划入儿科疾病的人。他的代表作《曼苏尔医书》和《医学集成》是医学史上的经典著作。

阿拉伯人弄清了眼球的光学过程，不仅为现代光学奠定了基础，而且这一发现又引导后人用晶体和玻璃透镜去放大物体和看书，发明了眼镜。阿拉伯人还写成了《光学集锦》一书，该书论述了对球面和抛物面的反射镜、透镜、暗箱和视像的实验研究结果，完整地表述了光的反射定律。

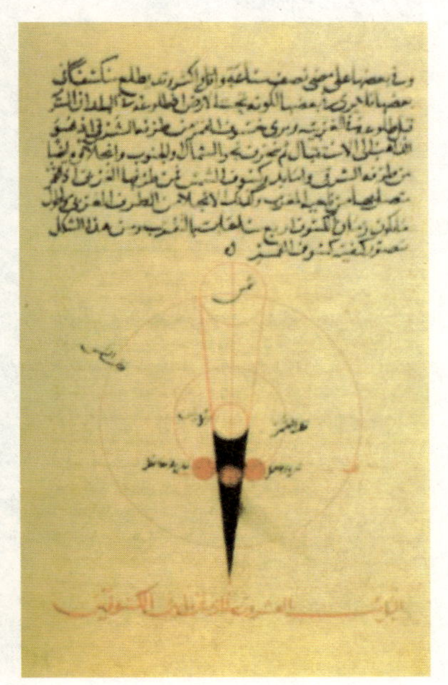
▶阿拉伯人也常用几何图示法证明代数解法的合理性

从医学方面得到了光学过程和放大成像等物理学知识，进而使阿拉伯在物理学研究方面又涌现出以阿尔·哈曾为代表的物理学家。

阿尔·哈曾生于965年，他第一次纠正了关于“人眼发射光线”的错误观点。在他之前的许多学者都认为，人的眼睛发射出的光线到达观察对象，经观察对象反射回人的眼睛，人就看见该对象了。但哈曾认为人眼并不发射光线，人眼只是接收外界的光线。他所著的《论视觉》解释了光在各种情况下反射和折射的现象，还说明了透镜的曲面引起光改变传播方向的情况，从而搞清了透镜成像原理。16世纪科学家开普勒就直接继承了哈曾的学术思想，尤其是在光学理论方面。因此哈曾对后世物理学研究工作产生了较大的影响。

▲“角膜”“网膜”“玻璃球体”等术语都是阿尔·哈曾发明的

在光学方面，阿拉伯帝国的物理学家提出了光线来自观察的客体，认为光是以球面形式从光源发射出来，进而给出光线反射和折射定律。在力学方面，他们探讨了抛物体运动和引力作用，提出了动量概念，认为物体之间的引力大小是二者之间距离的函数，为以后经典力学的建立作了必要的铺垫。在物理学方面，阿拉伯人继承并发展了关于静力学中平衡规律和运动学方面的知识。塔比·本·库拉的《秤书》从运动学观点讨论杠杆平衡条件，他说平衡时“运动力”由力和运动的距离两者决定。

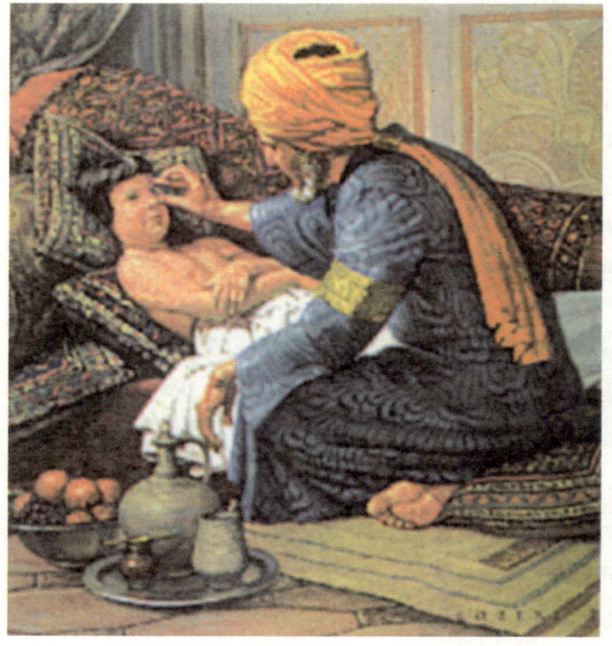

◀阿尔·拉齐在外科学、儿科学与传染病方面具有丰富的临床经验与理论知识

在天文学方面，天文学家巴塔尼提出地球在一变动着的椭圆形轨道上运动，观测并发现了太阳远地点的进动。苏菲所著的《恒星图像》一书，是伊斯兰天文学观测的三大杰作之一。苏菲根据自己的实际观测，在书中绘制出精美的星图，

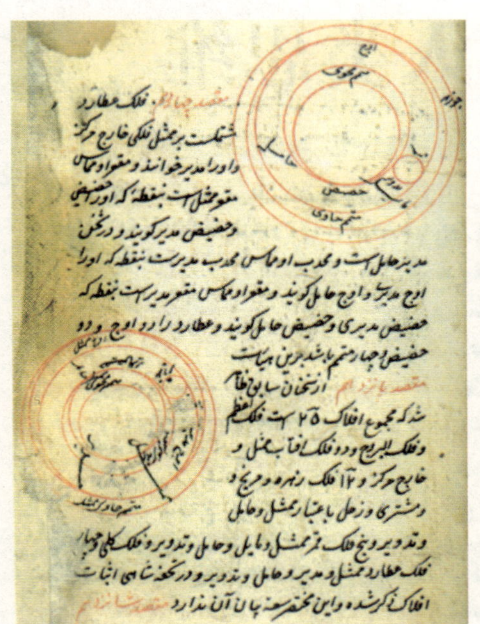

▲阿拉伯人关于天文现象的记载

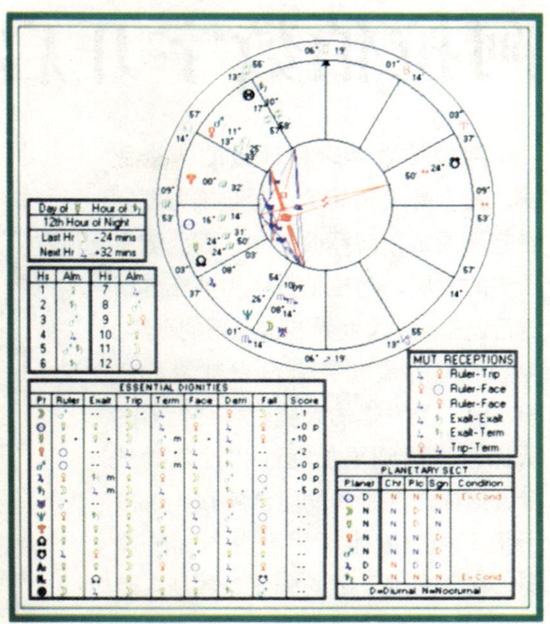

▲巴塔尼是阿拉伯人在天文学方面最富有创造性的一位天文学家，他编制了天文表

现在许多世界通用的天体名称都来源于此。这些星图还是关于恒星亮度的珍贵的早期资料。瓦法是巴格达天文学派的最后一位著名人物，已知他曾测定过黄赤交角和分至点，并且是发现月球二均差的第一位天文学家。

阿拉伯帝国的科学成就，其实是以阿拉伯人为代表的穆斯林共同体（还包括帝国境内的非穆斯林）集体智慧的结晶。他们以同一种语言——阿拉伯语，书写科学著作。他们不仅是阿拉伯等穆斯林与非穆斯林民族的骄傲，而且其成就也是全人类的文化瑰宝。

▶这是古代阿拉伯的天文学家绘制的狮子座星图

阿拉伯数字开启人类思维

阿拉伯数字采用计数的十进位法，其本身笔画简单，写起来方便，看起来清楚，演算很便利。因此随着历史的发展，阿拉伯数字逐渐在各国流行起来，成为世界各国通用的数字。

人类的最初完全没有数量的概念，但人类发达的大脑对客观世界的认识已经达到更加理性和抽象的地步。这样，在漫长的生活实践中，由于记事和分配生活用品等方面的需要，逐渐产生了数的概念。数是人类特有的知识。

数的产生和发展经历了一个漫长的过程，在远古，人类识别事物的时候，不可避免地要遇到数的问题。自己种群的数量，采集果实的数量，捕获猎物的数量等，使他们逐渐产生了数的概念。

▲阿拉伯文字是一种音位文字，由闪族西支的音节文字发展而来的

据传早在7世纪时，阿拉伯人渐渐地征服了周围的其他民族，建立起一个东起印度、西到非洲北部及西班牙的萨拉森大帝国。到后来，这个大帝国又分裂成为东、西两个国家。由于两个国家的历代君主都注重文化艺术，所以两国的都城都非常繁荣昌盛，其中东都巴格达更胜一筹。因而，西来的希腊文化，东来的印度文化，都汇集于此。阿拉伯人将两种文化理解并消化，最终形成了新的阿拉伯文化。

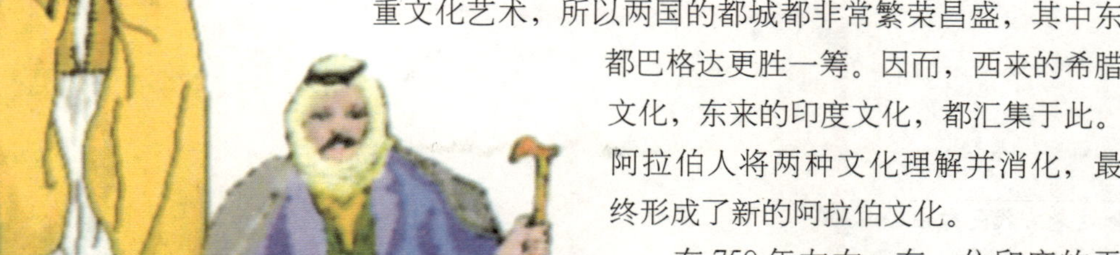

▼阿拉伯人计数图

在750年左右，有一位印度的天文学家拜访了巴格达王宫，他把随身带来的天文表献给了当时的国王。印度数字1、2、3、4以及印度式的计算方法，也就在这个时候介绍给了阿拉

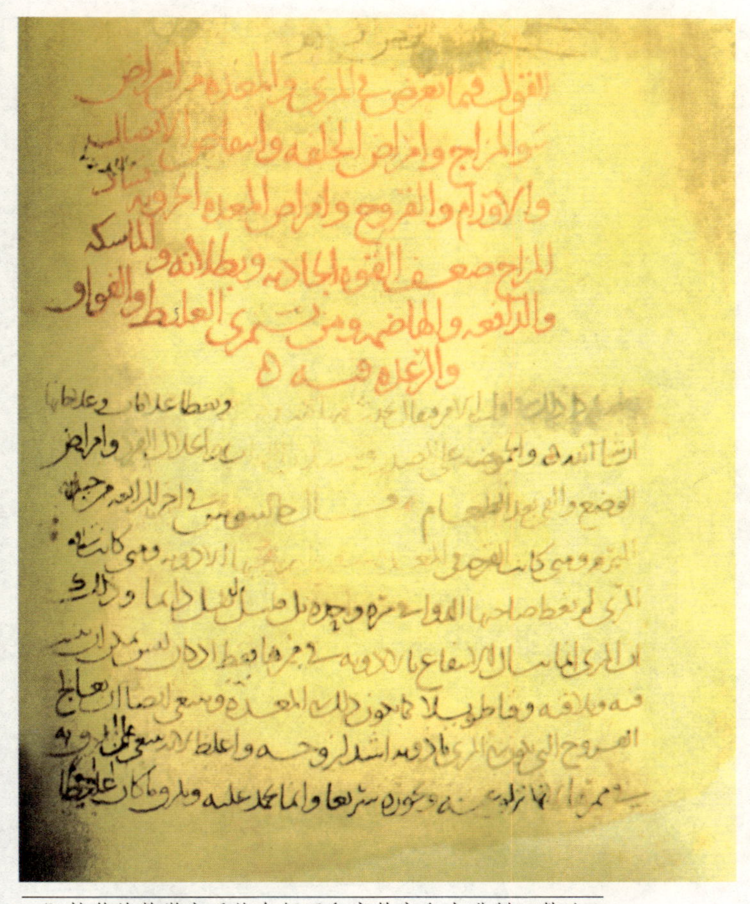

▲阿拉伯的数学家系统介绍了印度数字和十进制记数法

伯人。因为印度数字和计算方法简单又方便，所以很快就被阿拉伯人所接受了，并且逐渐地传播到欧洲各个国家。在漫长的传播过程中，印度创造的数字就被称为“阿拉伯数字”了。这套数字系统最先只有“1、2、3、4、5、6、7、8、9”，当时还没有“0”，“0”这个数字，在那时还是一个黑点。

实际上，“0”的概念的出现比较晚，人类开始只是数看得见的东西，对于看不见的东西是不数的，因此没有“0”这个数。随着生产和数字计算的发展，很多民族采取空位的办法表示一个物体也没有。又经过了几百年的演化，“0”才正式出现，这套完整的数字才真正形成。“0”的应用，使十进位法臻于完善，意义重大。

在印度，“0”这个词读做“苏涅亚”，表示空位置的意思。继而，“0”这个数字从印度传入阿拉伯，阿拉伯人把它翻译为“契弗尔”，仍然表示“空位”的意思。后来，又从阿拉伯传到欧洲，英语中的“cipher”，直到现在还被解释为零的意思。

0～9这10个数字及其计数法的传播，使世界各地有了统一的计数方法，从而便利和推动了各地区各民族的进一步交流与发展；它还推动了数学等自然科学的发展，从而推动了人类社会的进步和发展。

10个数字符号是由阿拉伯人传到欧洲的，因而它被欧洲人误称为阿拉伯数字。由于采用计数的十进位法，阿拉伯数字本身笔画简单，写起来方便，看起来清楚，特别是用阿拉伯数字进行数字运算，要比罗马数字或字母符号方便了很多，演算很便利，再加上阿拉伯数字具有笔画简单、结构科学、形象清晰、组数简短的优点。所以被世界各国普遍应用，成为一套国际通行的数字体系。

▲阿拉伯数字被广泛用于地理学、天文学等领域

阿拉伯建筑艺术的特点

伊斯兰建筑被认为是世界三大建筑体系之一，对世界建筑艺术的发展作出巨大贡献。伊斯兰建筑奇象纵横，庄重而富于变化，雄健而不失雅致。

早在1 000多年以前，阿拉伯民族在人类社会进步的长河中为世界文明发展作出了卓越贡献，尤其在建筑艺术方面，阿拉伯人凭着对伊斯兰教虔诚坚定的信仰，用辛勤的耕耘和精湛的技艺，把阿拉伯建筑艺术推向了高峰。阿拉伯的建筑师们积极进取、兼收并蓄，把东西方建筑文化巧妙地结合起来，并加以创新，取得了举世著名辉煌的成就。

▲清真寺是阿拉伯建筑的一大特色，装饰华美，富有内涵

阿拉伯人经过三次远征击溃拜占廷军队之后，670年，阿拉伯伍麦叶王朝驻北非总督欧格白·伊本·纳纳厄在今突尼斯中部建立兵营，以此作为西征的据点，由此形成的凯鲁万城逐渐成为阿拉伯帝国征服北非的中心。一座以他的名字命名的欧格白清真寺开始兴建，以后又经多年修缮和扩建。

▼克尔白古庙里供奉着许多部落神雕像，一块黑色陨石被阿拉伯人视为天上掉下来的圣物

670年建立的凯鲁万城有“三百清真寺之城”的美誉，但最负盛名的是位于城东北隅的奥克巴清真寺，又称“大清真寺”。它是北非历史最悠久、规模最大的清真寺，历时5年建成。

▲7世纪后期的阿拉伯建筑还保持着相当简朴的风格，现在普遍用于清真寺装饰的马赛克还没有产生，所以内部几乎没有什么装饰

▲清真寺是伊斯兰教建筑的主要类型

▶伊斯兰的清真寺建筑通常是围绕院落建有一圈拱廊或柱廊，朝麦加方向的一边加宽，做成礼拜殿并向院落敞开

寺名由当时的统治者名字得来。该寺集礼拜、传经、教学、科研功用于一体，是当时马格里布地区最大的清真寺。寺院长150米，宽80米，院墙高4米。院内大理石铺地有300根柱石，三面有拱形长廊围抱。

凯鲁万大清真寺成为马格里布地区一些清真寺建造的标准，特别表现在其装饰色彩基调方面，回廊的石柱大多是大理石的，还有一些是花岗石。凯鲁万是最初几个世纪的文化以及伊夫里吉亚文化的有力见证。

凯鲁万的阿拉伯传统建筑风格独特，设计布局精妙，影响了这个城市的空间布局。它们已成为无价的历史遗产。

清真寺宣礼塔高达35米。礼拜厅面积3 700多平方米，可同时容纳6 000～8 000人祈祷。大厅正面有15扇大小不同的木门，每扇门由400～800块雕有各种图案的嵌板组成。厅内有300根大理石圆柱，顶部悬挂着各式吊灯。大厅深处的讲经坛建于9世纪，用280多块印度名贵杉木嵌板制成。旁边的颂经壁龛朝向麦加，由28块浮雕或镂空的大理石组成，壁龛顶部点缀着伊拉克捐献的135块彩绘瓷板。环绕大院四周的连拱柱廊、排排石柱和巍峨的尖塔，营造出庄严、肃穆、圣洁的氛围，是阿拉伯以及世界建筑杰作中最重要的古迹之一。

清真寺、居民区和市场是任何一座阿拉伯城市不可或缺的三个组成部分。耶路撒冷城内共有38座清真寺，其中最著名、在伊斯兰世界最有影响的清真寺有两座，一座是

▲穆斯林在麦加朝圣的宏大场景

萨赫拉清真寺，另一座是阿克萨清真寺。在阿拉伯世界中，阿克萨清真寺的知名度很大。636年，信奉伊斯兰教的阿拉伯人征服了耶路撒冷。691年，阿拉伯倭马亚王朝的一位哈里发主持建造这座可以充分展示阿拉伯建筑艺术的优美杰作。其最外一层是八角形墙体，全用石块砌成，外墙用花瓷砖贴面。顶部是半球形，外包金箔，显得灿烂辉煌。寺内有一块长17.7米，宽13.5米，最高处高出地面约1.5米的巨大岩石。穆斯林视这块巨

▶清真寺的远景

石为圣石，认为它与麦加禁寺天房中的玄石同样神圣。

穆斯林把阿克萨清真寺视同麦加禁寺和麦地那圣墓一样神圣。

▲清真寺远景

阿克萨清真寺面积3 733平方米，全寺由280根石柱支撑，规模宏伟。清真寺内长方形大殿宽敞明亮，称为欧麦尔礼拜寺。据传说，伊斯兰历史上第二个哈里发欧麦尔率兵把耶路撒冷从拜占庭统治下解放出来后，首先在阿克萨清真寺大殿里诵经礼拜。于是，人们便把这个大殿命名为欧麦尔礼拜寺，以资纪念。

阿克萨清真寺和萨赫拉清真寺充分反映了当时阿拉伯建筑艺术的高超和优美，被认为是中世纪世界上最华丽的建筑之一。伊斯兰建筑美学在人类建筑史上体现了东西方美学思想相融合的伟大实践，从而形成了独特的伊斯兰建筑艺术风格。

▼阿克萨清真寺，寺中有用象牙装饰的木制讲坛

独一无二的阿拉伯语言

阿拉伯语世界上最古老的语言之一，也是世界上最独特的语言之一，目前全世界大约有22个国家在使用阿拉伯语言，主要分布在中东、西亚和北非。阿拉伯语还是联合国认定的6种通用语言之一。

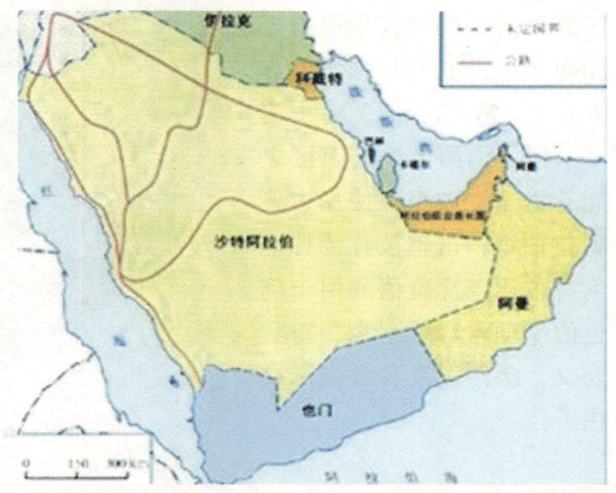

▲阿拉伯语言的发源地阿拉伯半岛

阿拉伯语产生于公元5世纪前后，是在阿拉伯北方方言的基础上形成了的统一的阿拉伯语文学语言。阿拉伯语属于闪语系闪语族，阿拉伯语是闪语系中最接近闪米特祖语的。

阿拉伯语产生于阿拉伯半岛，但随着阿拉伯帝国的扩张而得到传播的，在历史上，它是东起印度河流域，西到直布罗陀海峡，南到北非，北至里海这一广大区域各民族的通用语。

▼刻有早期阿拉伯文的石碑

随着阿拉伯帝国的衰落，阿拉伯语的使用范围大大收缩，但它对亚、非、欧许多国家和地区文化传播产生过巨大影响。波斯语、土耳其语、乌尔都语、印度尼西亚语、斯瓦希里语、豪萨语等共计36种语言都大量吸收了阿拉伯语词，有些还使用阿拉伯字母拼写，譬如波斯语、乌尔都语等。

阿拉伯语言有很多方言和分支，已经发展成埃及、叙利亚、伊拉克、沙特阿拉伯、也门、突尼斯、阿尔及利亚、摩洛哥8大分支。

阿拉伯语各方言之间的差别很大。拿阿拉伯半岛的南部沿海来说，那里的阿拉伯语就有很多方言，语言学家把这些方言统称为南阿拉伯语。而南阿拉伯语与北阿拉伯语的差异十分之大，以至有些人认为这是两门独立语言。另外，在西北非地区的摩洛哥的阿拉伯语方言和中东地区的阿拉伯语方言差异也非常大。

阿拉伯语各个方言区之间的语言交流可以使用古典阿拉伯语，这也被称为标准阿拉伯语，标准语通用于阿拉伯各国的文学、教育、广播、公文、函件以及各种国际交往场合。

▲中国明代对外贸易中刻有阿拉伯文的瓷盘

IPA	Latin	Name		Final	Medial	Initial	Isolated	IPA	Latin	Name		Final	Medial	Initial	Isolated
[tˤ]	ṭ	ṭāʾ	طاء	ـط	ـطـ	طـ	ط	[ʔ]	ʾ(a)	ʾalif	ألف	ـا	—	—	ا
[zˤ]	ẓ	ẓāʾ	ظاء	ـظ	ـظـ	ظـ	ظ	[b]	b	bāʾ	باء	ـب	ـبـ	بـ	ب
[ʕ]	ʿ	ʿayn	عين	ـع	ـعـ	عـ	ع	[t]	t	tāʾ	تاء	ـت	ـتـ	تـ	ت
[ʁ]	ġ	ġayn	غين	ـغ	ـغـ	غـ	غ	[θ]	ṯ	ṯāʾ	ثاء	ـث	ـثـ	ثـ	ث
[f]	f	fāʾ	فاء	ـف	ـفـ	فـ	ف	[ʤ]	ǧ	ǧīm	جيم	ـج	ـجـ	جـ	ج
[q]	q	qāf	قاف	ـق	ـقـ	قـ	ق	[ħ]	ḥ	ḥāʾ	حاء	ـح	ـحـ	حـ	ح
[k]	k	kāf	كاف	ـك	ـكـ	كـ	ك	[χ]	ḫ	ḫāʾ	خاء	ـخ	ـخـ	خـ	خ
[l]	l	lām	لام	ـل	ـلـ	لـ	ل	[d]	d	dāl	دال	ـد	—	—	د
[m]	m	mīm	ميم	ـم	ـمـ	مـ	م	[ð]	ḏ	ḏāl	ذال	ـذ	—	—	ذ
[n]	n	nūn	نون	ـن	ـنـ	نـ	ن	[r]	r	rāʾ	راء	ـر	—	—	ر
[h]	h	hāʾ	هاء	ـه	ـهـ	هـ	ه	[z]	z	zāy	زاي	ـز	—	—	ز
[w]	w	wāw	واو	ـو	—	—	و	[s]	s	sīn	سين	ـس	ـسـ	سـ	س
[j]	y	yāʾ	ياء	ـي	ـيـ	يـ	ي	[ʃ]	š	šīn	شين	ـش	ـشـ	شـ	ش
		hamza	همزة	ء	—	—	—	[sˤ]	ṣ	ṣād	صاد	ـص	ـصـ	صـ	ص
								[dˤ]	ḍ	ḍād	ضاد	ـض	ـضـ	ضـ	ض

▲阿拉伯字母与读音

▲阿拉伯文标注的纸币

值得一提的是，阿拉伯语还曾是中古世纪保存希腊文化和沟通东西方文化的媒介用语，在公元9～13世纪，阿拉伯学者用阿拉伯语写成的哲学、医学、天文学、数学、化学、光学等方面的著作，在近代传入西欧，对文艺复兴起到了推动作用，有些著作直接成为欧洲高等学校的教科书，为近代科学技术的发展奠定了坚强的思想基础。

阿拉伯语是由阿拉伯字母构成，有元音8个，辅音28个，以多顶音和喉音为其特色。要强调是，阿拉伯字母的元音是通过加在字母上方或下方的符号来表示的，但这些符号通常是省略，只在初级启蒙书中出现。

阿拉伯语的构词法有着独特的规则，词根通常由3个辅音搭成框架，再填进不同的元音，或着附加上词缀，形成不同的词或着赋予不同的意义。

阿拉伯词组分名词、动词、虚词三大类。名词范畴包括可作主语、宾语的词组。名词还有性、数、格、式的区别。实词在句中的地位都由格的形式来显示。

阿拉伯语的动词词组有人称、性、数、时态及语态等变化。

阿拉伯语句的语序有较大的灵活性，但修饰词语严格要求只能紧跟在被修饰语之后。

另外，阿拉伯语很少借用外来语，但随着西方文化的原先，近、现代阿拉伯语也借用西方的科学技术词语。

总而言之，阿拉伯语语法复杂，一些词形变化和使用规则十分复杂，一些阿拉伯本土居民也未必能够全部掌握。正因为如此，阿拉伯语十分难学，在联合国公布世界上最难学的十大语言，阿拉伯语位列第三，仅次于汉语和希腊语。

不同于世界上大部分语言的书写方式，阿拉伯语是由右至左书写的。阿拉伯语一般采用过两种手写体：一种叫纳斯基，这是书籍和通信中常用的草体；另一种叫作库菲克，这是一种楷体文字，主要用于练习阿拉伯语书法

出人意料的是，阿拉伯书法十分漂亮。这是因为阿拉伯语的字母有上浮、下浮、中线的独特结构，可塑性十分强，特别适合于书法艺术中，其艺术效果是别的文字难以到

▲刻有阿拉伯文的阿拉伯金币

达的，所具有的魅力更是独树一帜。

按照中国书法的分类标准，阿拉伯书法属硬笔书法，在世界上，有不少阿拉伯书法家所采用的工具并不局限于硬笔，而是呈现出多样化，有用竹片、木片、布条、棉花等材料。不同的书法工具写出来书法，效果也各不一样，十分令人称奇。

阿拉伯书法属于世界文化遗产，阿拉伯书法的艺术感染力，能使人得到独特的精神享受，在操阿拉伯语的国家，人们十分喜欢用阿拉伯语书法装饰家居，而阿拉伯书法家也得到众人的尊重。

阿拉伯语通俗优美、朗朗上口，读起来铿锵有力，是一种充满活力，富有动感的立体语言。

阿拉伯语的 28 个字母发音都很有动感，声音响亮，尤其是六个喉音字母的发音，更是别具一格。另外，阿拉伯语音有独特的“舌颤音”，发音时，要用舌头在口腔多次弹动，才能将音发出，这就形成了欢快悦耳的节奏，十分好听，至今，这个发音仍是阿拉伯女子表达自己心中喜悦的一种方式。

阿拉伯语读起来动听，说起来有力道，听起来悦耳，即使一个对阿拉伯语一窍不通的人，听阿拉伯语也会带来听觉上的美感。

正以为如此，阿拉伯人是极富于口头表达的，众人熟悉的阿拉伯文学巨著《一千零一夜》就足以说明。

《一千零一夜》就是口头文学，整个故事的形式就是用阿拉伯口语表达的。许多民间艺人经过几百年的收集、提炼加，在故事中，将阿拉伯人的性格豪放及肢体语言相结合，使阿拉伯语富有很强的表达感染力。

丰富多彩的阿拉伯饮食文化

阿拉伯人善于烹调，饮食文化丰富多彩，有着区别于其他民族饮食的重大特色，是世界饮食文化中不可分割的一部分。

▼阿拉伯大饼

世界上的阿拉伯国家，多地跨亚非大陆，有些阿拉伯国家还与欧洲隔海相望，在这1 000多万平方公里的土地上，一共居住着两亿多的阿拉伯人民。辽阔地域和众多的人口，使阿拉伯的饮食显得十分丰富。

不同阿拉伯国家的饮食都是有区别的，但是，他们也存在着许多大体相似的地方。譬如阿拉伯国家的主食多是大饼和手抓饭，菜肴以烧烤为主，烧烤的都是牛羊肉，有时也吃骆驼肉，其饮食的特点是甜、香、油腻。

从前，阿拉伯国家比较贫穷，很多人讲的主食不是大饼，更不会顿顿是手抓饭，他们吃的是玉米饼，直到阿拉伯国家因出口石油而收入大增之后，大饼才成为了阿拉伯家庭餐桌上不可缺少的主食。

又因为阿拉伯出于社会稳定、为人民谋福利的考虑，对大饼价格实行补贴，市场上卖的大饼比面粉还要便宜，即使再拮据的家庭也吃得起大饼，埃及老百姓干脆给大饼起了一个通俗的名字，叫“生活”。大饼天天陪伴他们，抚慰他们的肠胃，可不就是生活吗？

▲刚出炉的阿拉伯大饼

阿拉伯大饼由特制的炉子烘烤而成，分机器制作和手工制作两种。刚刚烤好出炉的大饼外脆内嫩，热气腾腾，像小皮球一样鼓鼓囊囊的，吃起来鲜美可口。

吃大饼时通常蘸霍姆斯酱，也可以蘸焖得稀烂的蚕豆糊，也可以往大饼里夹些

▲阿拉伯手抓饭的传统吃法

鹰嘴豆丸子、烤肉等。就着一粒粒又咸又酸又爽口的橄榄，以及嫩绿的酸黄瓜条和青翠欲滴的“杰尔吉斯”青菜吃大饼，也是一种享受。

吃大饼的佐餐还有番茄沙拉、洋葱拌辣椒等等。

手抓饭原先是阿拉伯人重大节日的主食，现如今阿拉伯人也在平常的日子食用。

手抓饭的做法简单，是将米饭、羊肉、番茄酱、胡萝卜、葡萄干、杏仁、洋葱、红线米及各式混合干果等作料放在一起，煮透后即可食用。上好的手抓饭，要求米饭软硬适中，看上去油光可鉴，各个米粒浑然一体，有不互相粘连。

▲阿拉伯烤肉

煮好的手抓饭要放到一个巨大的铝制盆里，众人围聚在铝盆周围，各自用手抓而食之。但用手抓饭是有讲究的，必须用右手拇指、食指和中指将米饭撮拢在一起，夹紧，然后送入口中，颇有节奏感，要求手指不能碰到嘴巴。另外，每人只许在自己跟前抓食，不得乱动，以免失礼。

▲传入阿拉伯地区的土耳其烤肉

如今在阿拉伯国家的城市，人们多用勺子代替了手指，也不会多人围在一个大铝盆里吃手抓发了，而是一人一个小盘子。

阿拉伯人吃完手抓饭，会来上一杯酸奶，一解手抓饭的油腻。

阿拉伯烤肉分为烤羊肉串和切片烤肉两种。烤羊肉串多选用羊腿和背脊上的瘦肉，将肉切成块状，加入胡椒、精盐、姜葱、大料和橄榄油等作料腌制后，串在长约 1 米的铁钎上，放入特制的烤炉中烤制，待肉色变得黄脆，即可食用。

切片烤肉原来自于土耳其，后传入阿拉伯各国，通过会将鸡肉、牛羊肉等重重叠叠地串着一个烤肉架，烤肉随烤肉架中间的铁柱子不紧不慢地转动着烤熟一层，就往下削去一层。

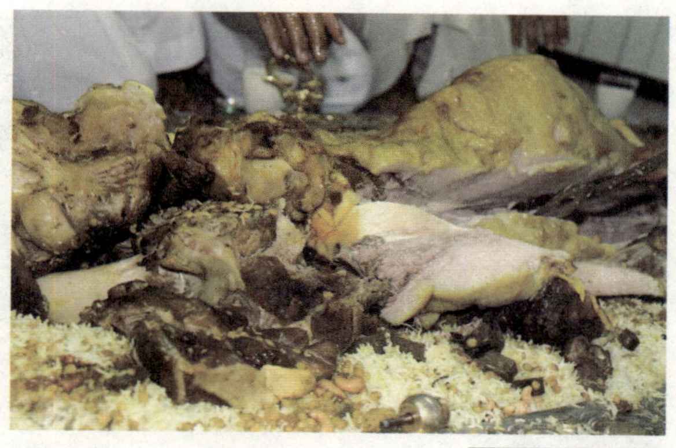

▲阿拉伯烤骆驼

阿拉伯的一些地区还有一些独特的烤肉方法。譬如用煤炭烤热石头，然后在热石头上炙烤肉片，或者将整只羊用香料腌制好，然后在地下的炉子里烤制，通常人们称呼这种烤肉为烤全羊。

烤全羊的特色是又嫩又香，味道鲜美，令人垂涎欲滴。

烤全羊通常是阿拉伯地区的压轴菜，通常在菜过五味、宾客吃得酣畅淋漓之际端上来。

▲阿拉伯甜食“哈尔瓦”

有些阿拉伯部落还有烤骆驼的风俗。在烤骆驼的时候，会在骆驼肚里放一只羊，在羊肚里放一只鸡，在鸡肚里放一只鸽，在鸽子肚里放饭团，然后一起烤熟。

阿拉伯十分喜欢甜食，爱喝茶和咖啡。

阿拉伯甜食统称为“哈尔瓦”。在哈尔瓦上，阿拉伯人习惯涂满一层层的糖，在糖上，还要还浇蜂蜜，在蜂蜜上还要再加一层糖。哈尔瓦吃一口会满嘴流蜜，甜得发腻。

在茶类中，阿拉伯人对红茶尤为情有独钟。但不同于别处，阿拉伯在喝红茶时，要在红茶里放进半杯甚至大半杯的砂糖，然后再放几片鲜嫩的薄荷叶，喝完之后，甜味中还有一些清凉幽香。

在阿拉伯各城市的街道上，各种咖啡摊也比比皆是，要是一杯咖啡，再加上几种“哈尔瓦”，就是阿拉伯人一顿便宜的午餐。

总而言之，阿拉伯的饮食文化，是和阿拉伯人粗砺的生活环境相般配的，大漠、戈壁、烈日、风沙、干旱……这样的环境条件，就决定了他们不可能孜孜于饮食上的考究，阿拉伯饭菜的烹制方法简捷、实用，但缺一点也不单调。

阿拉伯的饮食文化也与他们豪迈旷达的性格息息相关，奔放粗犷的民族性格也使他们在饮食上秉承实在的特色，没有半点花架子。

第五章

接引东、西方的古波斯文明

虽说古波斯比很多文明晚了很多年，但是，它的成就绝不比任何一个文明逊色。古老的文字、金碧辉煌的宫殿、伟大的君主，还有那充满神奇的地跨亚、非、欧的大帝国，这些都与一个名字联系着——古波斯。

破译“死文字”

在2 000多年前两河流域东北角的伊朗高原，古波斯人创建了自己的帝国，并且曾经盛极一时，创造了高度的文明，还用古老的波斯楔形文字记录了下来。可是，对于大多数人来说，古波斯的楔形文字也早已成了一种“死文字”。

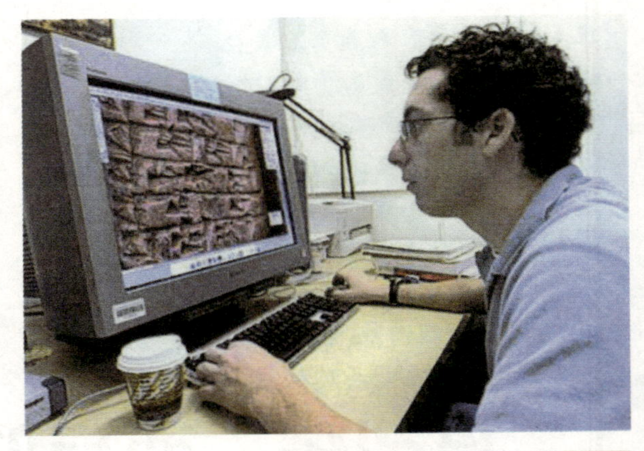

▲高科技的应用，对于楔形文字的研究起到了很大的促进作用

在波斯高原西部、伊朗与伊拉克边界旁的伊朗境内，有一座名叫克尔曼沙的商业城市，城东2～3千米处有一个名叫贝希斯敦的小乡村。两千多年来，它默默地远离城市的喧嚣，也被人们遗忘在记忆的角落里。然而时至今日，“贝希斯敦”这个名字不仅走出了克尔曼沙，而且走向了世界。一位名叫罗林森的英国人破译的古文字。

1835年，英军少校罗林森奉命前往伊朗，出任库尔迪斯坦省总督的军事顾问。这位业余考古爱好者到任不久，就风闻附近有石刻。他当然不会置若罔闻，跑去一看，果然在贝希斯敦村附近发现了一尊大型摩崖石刻。该峭壁铭刻离地面约有100米，石刻本身高约8米，宽约5米。上半部是一个浮雕，下半部是用古波斯语、埃兰语和阿卡德语三种楔形文字写成的铭文。楔形文字是西亚的古老文字，距今已有5 000多年的历史。古波斯楔形文字并非历史形成的文字，而纯粹是人造文字，而且使用范围有限，认识者极少。因此在用它发布诏令时，有必要以当时通用的埃兰文和阿拉美亚文译出。此处铭刻用三种楔形文字书写的缘由正在于此。

▼从这张楔形文字和现代文字的对照表中可以看出，用楔形文字来表示数字是相当烦琐的

楔形文字表示的数字

1	11	21	31	41	51
2	12	22	32	42	52
3	13	23	33	43	53
4	14	24	34	44	54
5	15	25	35	45	55
6	16	26	36	46	56
7	17	27	37	47	57
8	18	28	38	48	58
9	19	29	39	49	59
10	20	30	40	50	

然而，随着公元前330年波斯国的灭亡，古波斯的楔形文字逐渐变成了一种无人通晓的死文字，而另两种

楔形文字也早已失传。因此，人们不知道这些文字是什么含义。罗林森决心解开这个谜。于是，他冒着生命危险爬上悬崖峭壁，小心翼翼地拓下一片片铭文，开始了艰苦卓绝的释译工作。功夫不负有心人。罗林森踏着前人的脚步，经过12年的钻研，终于在1845年成功地译解了其中的古波斯文，而剩余两种文字所述内容估计与波斯文是一致的。从此，悬崖上的这种让人疑惑不解的东西不再是一个谜，人们了解到它的背后是一个鲜为人知的故事。

▶古波斯的楔形文字

贝希斯敦的摩崖石刻，记载的正是古波斯帝国君主大流士一世的丰功伟绩，其中充满了溢美之词。原来，江山稳固之后，大流士自感功成名就，踌躇满志地巡行各地。在巡行到米底首府爱克巴坦那（今伊朗哈马丹）附近一个叫贝希斯敦的小村庄时，他的心情无比豪迈，回想这些年来的坎坎坷坷，禁不住感慨万千。于是他命人在村旁的悬崖峭壁上刻下自己的丰功伟绩，尤其是镇压叛军的经过，以扬名后世。

贝希斯敦摩崖石刻铭文的破译，也打开了对尘封的古波斯帝国的记忆，世人眼前逐渐展现出一幅清晰壮观的历史画面。

◀大流士一世宫殿的局部

“众邦之王”大流士

“我，大流士，伟大的王，万邦之王，波斯之王，诸省之王，叙斯塔斯帕之子，阿尔沙马之孙，阿黑门尼德……按阿胡拉·马兹达的意旨，我是国王。”这位“万邦之王”就是波斯帝国最著名的国王——大流士一世。在他的统治时期，古波斯帝国逐渐走向辉煌，建立了横跨亚非欧的庞大帝国。

公元前550年，居鲁士消灭米底王国，建立阿黑门尼德王朝，定都苏撒，是为波斯帝国之发端，他也被称为波斯帝国的开创者。公元前529年，居鲁士在作战时兵败身亡，其子冈比西斯二世继位。公元前522年，大流士继承王位，号称大流士一世。现代学者普遍认为，贝希斯敦铭文中关于巴尔迪亚（即高墨达）的记载，完全是精心编造的谎言，目的是为大流士一世弑君篡位辩护。历史的真相是：冈比西斯二世即位后力图加强王权，引起了贵族们的嫉恨，贵族们必欲除之而后快。在一场阴谋政变中，冈比西斯二世身亡。其弟巴尔迪亚夺取王位，继承其兄未竟之业，继续走加强王权之路，但结局同样悲惨。以大流士一世为首的阴谋集团终于发动政变，弑君篡位。

虽说大流士做了很多为人所不齿的事情但波斯帝国的确是在大流士一世执政时期趋向辉煌的。一方面，他大肆进行军事征服，建立了一个庞大的帝国，版图东起印度河流域，西抵小亚细亚，北至欧洲的色雷斯，南及尼罗河第一瀑布。另一方面，他厉行改革，采取了一系列行之有效的措施，取得了令人瞩目的成就。

▼波斯帝国的开国皇帝居鲁士率领他的士兵在战场上奋勇作战，终于建立了强大的波斯帝国

当上皇帝后，大流士大力加强中央集权，树立个人权威。他不仅自称万邦之王，宣扬君权神授，还追求形式上的威仪。上朝时他头戴闪闪发光的金皇冠，身穿绛红色的长袍，腰系金丝腰带，手握黄金“权杖”，端坐在金阶之上。身后则站立着大群高擎羽扇和大伞的随从和侍卫。大臣要跪在地上朝见，为了避免大臣的呼吸亵渎皇帝，在皇帝和大臣之间还要用帷幕隔开。为了保卫身家性命，他建立了一支1.2万人的卫队，人称“不死队”，因为他们的人数永远不变，随时有预备队补缺。

同时，他还加强了对这支“不死队”的管理工作。为了防止出现叛乱，他把全国分成许多军区，军区长官只对他一人负责，任何人无权调动军队。行政上以波斯贵族取代当地贵族担任行省总督，实行军政分治，直属国王。他还下令修筑了一条全长2 000多千米的驿道，称为“皇道”。沿途设有100多个驿站，驿站的信差用接力的方法运送物资，十分快捷。据说大流

士此举是为了及时把爱吃的爱琴海产的鲜鱼送到王宫。由此希腊人羡慕地说:“波斯王住在巴比伦，爱琴海鲜鱼进宫廷。”大流士还下令挖了一条由尼罗河到红海的运河，这条运河就是现代苏伊士运河的前身。驿道、运河虽为军事目的而建而且不止一条，但它们促进了各地间的经济文化交流。

▲在这枚圆形印章中，雕刻了大流士一世在战车上猎狮的情形，并用楔形文字在图像的左侧加以说明

大流士还从法律上稳固自己的统治，编纂法典，修订各地原有法律，以适应帝国统治。他即位后就将各行省的贡赋固定下来，并统一了度量衡。他下令铸造和使用金币“大流克”，正面是他本人的头像，反面是一个弓箭手。现在，这种钱币已成为古币收藏家眼中的珍品。在解决国内民族众多、语言文字互异问题上，他没有实行“民族沙文主义”，而是把当时西亚流行的阿拉美亚语确定为全国通用的官方语言，用以发布诏令、公文，允许各地继续使用本地语言处理本地事务。在文学艺术上，波斯帝国也成就斐然。如《贝希斯敦铭文》和《纳克希·鲁斯坦铭文》等，都是用具有节奏性的诗歌语言写成的文书，其书结构严谨，风格典雅，为古波斯文学和后世文学树立了典范。

然而，波斯帝国毕竟是一个依靠武力建立起来的多民族奴隶制国家，内部矛盾错综复杂，阶级冲突、民族冲突和宗教冲突频繁，帝国的统治危机迭现。希波战争中波斯的败北，使波斯帝国遭受重创，显赫一时的大帝国开始出现颓势。与此同时，帝国内部诸行省起兵反抗，要求摆脱统治。内外交困加剧了帝国的危机。公元前330年，波斯为亚历山大率领的马其顿军人所灭。

▼大流士一世的雕像

强大的古波斯帝国由盛转衰，最终灭亡，但是，它的古老文明没有因此而被历史湮灭。无数的“贝希斯敦铭文”以及其他书写有楔形文字的泥板文书流传下来。这些铭文让后世的人们记住了古波斯文明，更让人们记住了那位“万邦之王”大流士一世，他的丰功伟绩和文治武功将永远为人们所敬仰。

波斯波利斯宫殿损毁之谜

在伊朗的博物馆里，可以见到一只有马的脖子和鹰的利嘴的怪兽，这就是出土于波斯帝国古都波斯波利斯宫殿的石雕作品。波斯波利斯宫殿遗址位于伊朗设拉子市东北60千米处。1979年，联合国教科文组织将其作为文化遗产，列入《世界遗产名录》。

公元前518年，大流士迁都波斯波利斯，并且对波斯波利斯进行了修缮工作。据说，这座世界上最豪华的宫殿前后共花费了60年的时间，历经三个朝代才得以完成。根据波斯波利斯王宫正门上的铭文，大流士一世时代只完成了都城的宫殿、宝库、觐见大殿、三宫门等建筑。薛西斯一世修建了万国门和其余主要部分。从此，这座象征着波斯帝国辉煌文明的伟大城邦不仅是帝国的心脏，而且成为了存储波斯帝国财富的巨大仓库，庄严地耸立在波斯平原上。

▼波斯王宫的石刻雕像

然而，自从考古学家1930—1940年间发掘出这座巨大的古代建筑遗址之后，就有了一个巨大的疑问：王宫遗址上有严重的火焚痕迹，焚毁的部分是正殿和珍宝库。如此强大的帝国王宫，为什么会被人焚毁，又是被谁焚毁的呢？

根据历史学家的研究结果认为，这座王宫之所以会毁灭，是由于马其顿王亚历山大大帝造成的。公元前334年春天，亚历山大正式向波斯宣战。他率领30 000步兵、5 000骑兵所组成的以马其顿人为主力的希腊联军和160艘战舰渡过赫勒斯滂（今达达

▼波斯帝国的帕塞波利斯王宫的波斯浮雕

尼尔海峡），向小亚细亚进发。亚历山大首先在格勒奈克斯河战役中击败了波斯军队。公元前331年春，亚历山大率军队向东进发，经巴勒斯坦、叙利亚，到达美索不达米亚，在距离阿卑拉城不远的高加米拉村驻扎。由此爆发了亚历山大东征史上最大的一场战役——高加米拉战役。

在西方战争史上，高加米拉战役被称为改变古代世界局势的“最伟大的一场战役”，这一战的胜利使亚历山大彻底击溃了波斯帝国军队的主力。不久，波斯波利斯陷落。公元前330年3月，败逃中的大流士三世被随从杀死。亚历山大征服了整个波斯，建立了一个横跨欧亚非三洲的大帝国，并定都巴比伦。包括埃及、小亚细亚、腓尼基、巴勒斯坦、叙利亚、巴比伦和波斯在内的广大地域都被划入这个帝国的版图。

亚历山大占领了波斯波利斯，在经过彻夜狂欢之后，他的军队将宫殿付之一炬。随着一把大火，波斯波利斯这座当年世界上最为豪华的王宫很快化为了砾土和灰烬。据说，在波斯波利斯的珍宝库房，存放着许多金银和珍贵物品。为了运输如此巨额的金银财宝，亚历山大竟调集了10 000头骡子和5 000头骆驼。

▲亚历山大骑着战马在战场上作战的雕像

▼著名的波斯波利斯的万国门

那么，亚历山大为什么要焚毁波斯波利斯王宫呢？是出于怨恨，还是其他？对此，历史学家们众说纷纭，莫衷一是。古希腊史学家阿里安在《亚历山大远征记》中写道：亚历山大把波斯波利斯王宫烧毁是为了报复。因为“波斯人在雅典曾大肆破坏，烧毁庙宇，对希腊人犯下了数不清的残暴罪行”。

英国著名历史学家赫·乔·韦尔斯在其《世界史纲》中也持亚历山大“把万邦之王的伟大的宫殿焚毁，是希腊人对薛西斯焚毁雅典的报复”的观点。

而古罗马史学家普鲁塔克则提出了另一种

观点，他认为：亚历山大是在酒后受到雅典名妓泰绮思的挑逗、怂恿而放火烧毁宫殿的。

日本学者大牟田章在他的《亚历山大》中也写道："亚历山大在一次庆功宴上，喝得酩酊大醉，他的身边坐着一个雅典名妓泰绮思。她对亚历山大开玩笑说，愿不愿意放一把火，把波斯王宫烧掉？亚历山大一时冲动，真的就放起火来了，一时之间，整个宫殿都陷于一片火海之中……"

▼波斯苏撒王宫内的波斯贵族武士的形象，衣着华丽，十分威严

而美国学者杜兰·威尔在《世界文明史》中则认为：亚历山大烧毁王宫，是由于他们在沿途看见800个希腊人因为各种原因而被残害，有的砍了腿、有的斩了手、有的被割去耳朵、有的被挖去眼珠，盛怒之下才如此干的。还有人认为王宫是在亚历山大举行盛大酒宴时，偶然起火而被烧毁的。

以上各种观点，有的有一定道理，有的则只是一种猜测。但由于缺乏确凿的历史记载，波斯波利斯被焚毁的原因至今还未发现。

值得庆幸的是，波斯波利斯的遗址并未被埋在地下，这为后人考古提供了非常便利的条件。虽然人们对波斯波利斯宫殿损毁的原因并不清楚，但是历经劫难后，它却依然保留到现在，它散发出来的魅力，吸引和震撼着每一个人。正如今天的伊朗人会怀着对昔日帝国辉煌的憧憬骄傲地说："我们也曾辉煌过，我们也曾强盛过！"这是一种精神的象征。

▼亚力山大打败了波斯军队，并且后来占领了波斯波利斯

付之一炬的“沙漠新娘”

亚历山大火烧波斯波利斯是一个历史性错误。在古代波斯，还有一件类似的悲剧上演，这就是同样被付之一炬的“沙漠新娘”——塔德木尔城。

塔德木尔古城遗址位于叙利亚中部小城巴尔米拉附近。从地中海岸顺着通海油管和公路深入沙漠内陆，东行 240 千米有个大绿洲，远远就能看到成簇圆形石柱出现在地平线上，这里就是壮观的塔德木尔城遗址所在地。

▲ 塔德木尔的建筑包含了叙利亚、阿拉伯、希腊、罗马等各式各样的建筑风格，可以想象东西方文化密切交融的程度

据考古发现，“塔德木尔”这个地名，最早出现在公元前 2000 年的石刻上。此地在新石器时代已是人烟稠密之乡，到了公元前 1 世纪更是成了东西商路的要冲。人们从遗址巨大的宫殿群、凯旋门、剧场和陵墓即可以断定这是一个大国的都城。

塔德木尔遗址中心的凯旋门，雄踞在“中央大街”上。门呈“山”字形，中间为拱形正门，两边是配门，均以大方石砌成，表面雕饰精美图案。中央大街全长 2 千米，将城市分为东西两半；街的入口是贝勒神庙，中点为凯旋门，出口为陵墓。大街两侧由 400 根圆形石柱组成柱廊。每根石柱上部精雕细刻，有长龙般的廊檐偃卧其上；腰部凸出一个小基座，竖立显贵人物的塑像。由于塑像全被洗劫，廊檐多处断裂，使这个世界罕见的柱廊大为失色。

在中央大街的南端，是全城最大遗迹——贝勒神庙。它有一个长方形的庭院，四周由两排精美石柱支撑的回廊环成，祭台设在庭院偏中位置（世界所有祭台均设在神殿正中，唯此例外）。石柱冠饰本是黄金和赤铜镶嵌的，早被剥光。庙门口保存一组雕像——三名身披拖地斗篷的妇女雍容华贵，仪态万方。贝勒神庙具有崇高权威，因当地人信奉多神教，祀天神、太阳神、月亮神、星神、战神等，而贝勒神为众神之首。神庙里的祭司不仅负责祭祀活动，还参与城邦的政治社会事务，对国家起着举足轻重的作用。

中央大街左侧有一座圆形剧场。从残基来看，该剧场结构严谨，比古罗马、古希腊的剧场小巧玲珑。城西北小山下，陵墓成群。陵墓分地面、地下两种。地面的建成多层塔式，外部加以雕刻、彩绘，每座属一个家庭或家族所有，其成员死后都葬在同一塔座的不同墓穴里。地下陵墓类似宫殿，系王族所有，从巧夺天工的雕刻到包罗万象的殉葬品，不难看出死者在世时的穷奢极侈。

▲在乌尔王的军旗上，生动地刻画了乌尔军人的生活情况

据史料记载，在公元前1世纪的时候，塔德木尔已是一个享有自治权的城邦，并具有国家的职能。它居于东西商路通道上，中国的丝绸、服饰和阿拉伯的香料由此运往西方，西方的玻璃器皿、紫荆由此运往东方。塔德木尔实行固定税率，过境商队均须按章纳税。随着收税和参加贸易，城邦日渐富裕，有了余力建设城市。

塔德木尔城的市民多参与经商。他们的商队到达罗马、波斯和阿拉伯沿岸，甚至还将商业据点设到西班牙。

260年，波斯王出兵打败罗马军队，塔德木尔国王乌辛纳趁波斯后方空虚，突袭波斯都城。267年，哲诺比亚王后继承丈夫乌辛纳的遗志，很快控制了整个叙利亚，扩张到小亚细亚和尼罗河流域，咄咄逼人，俨然中东霸主。罗马皇帝乌尔扬岂能坐视塔德木尔强大，于是组织大军讨伐。城破，王后被俘。据说罗马人让她带着黄金制作的脚镣手铐在罗马大街上游行示众，后来死于狱中。城陷一年后，塔德木尔人英勇起义，被罗马占领军残酷镇压下去。罗马人洗城抢掠之后，一把火烧掉了城市。

古代人民的杰作——塔德木尔城，就这样在权势的争夺中化为灰烬了。历史之河奔腾不息，滚滚向前，而这些消失的文明，在万籁俱寂的荒原上、寸草不生的沙漠里，默默地放射着昔日璀璨夺目的余晖。

▶波斯人将他们的国王薛西斯的形象雕刻在陶瓶上

神秘的“摩索拉斯陵墓”

▲关于摩索拉斯陵墓的油画

一提到陵墓，恐怕绝大多数人都会有一种毛骨悚然的感觉。然而人们却禁不住要争先恐后地一睹土耳其的一座远古时代的坟墓。它就是摩索拉斯陵墓。曾经辉煌的摩索拉斯陵墓以及显赫一时的陵墓主人，至今还有许多解不开的谜团。

这座“摩索拉斯陵墓”散发着一种神秘的气息，围绕它流传着许多故事。陵墓的主人是古代小亚细亚加里亚国王摩索拉斯（？～前353）。加里亚是当时阿那托利高原西南部的一个小国，受波斯帝国的统治。公元前395年，摩索拉斯王下令动工兴建自己的陵墓，然而直到公元前353年国王驾崩时陵墓尚未完工。王后阿尔特米西娅二世继承了摩索拉斯王的未竟事业，到公元前351年陵墓才竣工，他终于可以瞑目了。

据记载，当这座陵墓刚建成时，声名就已经是远播四海、闻名遐迩了。古希腊罗马时代的旅行者安提巴特将其与古埃及的胡夫金字塔相提并论，称其为世界奇观。即使在其建成1500年之后，目睹这一建筑物的拜占庭人、帖撒罗尼迦的优斯塔修斯主教还写道：“摩索拉斯国王的陵墓过去曾是，现在仍是一个真正的奇迹。”

古往今来，历代君王为自己建造辉煌的陵墓以图不朽，这早已是司空见惯之举。但摩索拉斯充其量不过只是一个强大的波斯帝国任命的地方长官，为何要建一座只有埃及法老的金字塔才可与之媲美的安息之所呢？

针 对

▼胡夫大金字塔

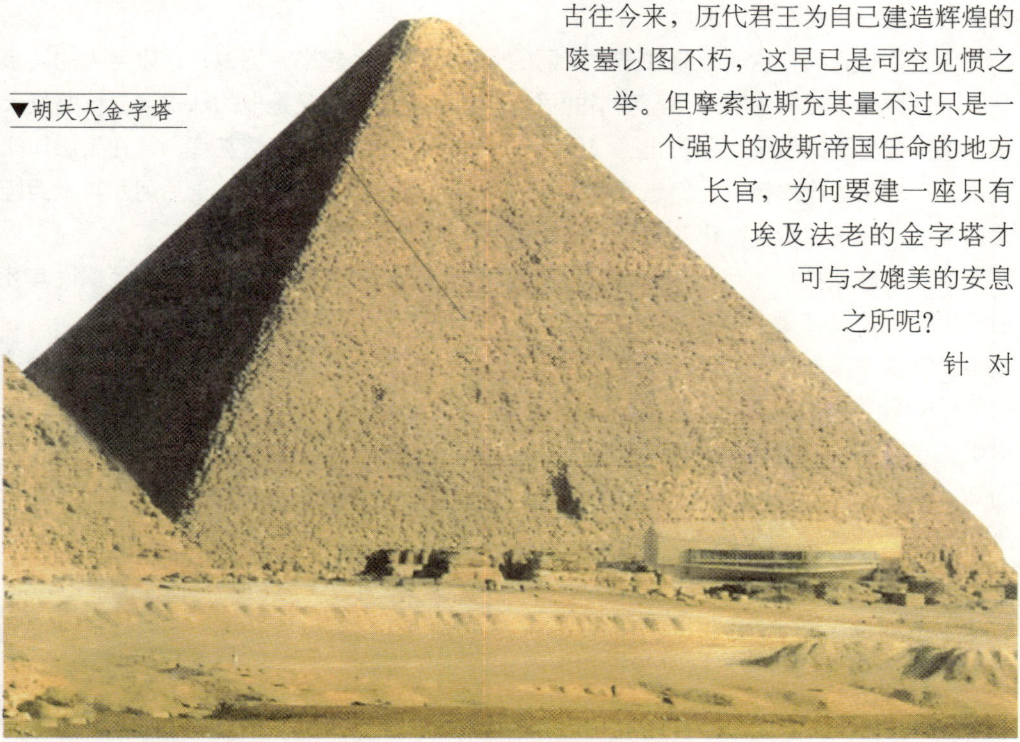

▲摩索拉斯陵墓

▲摩索拉斯陵墓想象图

上面的问题，有人对此作出了解释。据说，这位摩索拉斯虽然在名分上低于波斯帝王一等，但是，他毕竟也是一方之主，即便波斯帝王也要让他三分。况且，他也很怀念往昔埃卡多米尼迪王朝的凛凛雄风。尽管那已不可挽回地成为过去，但他每时每刻都在告诫自己："我是太阳神之子（尽管没有人这样认为），我不能平庸！"然而，他很清楚地知道自己不会在军事上取得卓越成就，也不可能成为杰出的诗人和哲学家而青史留名。为了让别人对他的小国刮目相看，公元前 4 世纪他将都城迁往新建的哈利卡纳苏斯（今土耳其的博德鲁姆），从此地中海岸边的一座美丽城市崛起了。紧接着他又下令在那里修建自己的陵墓，企图进一步展示自己的权力。

但是，也有人把这座陵墓和一个美丽的爱情故事联系起来。据说，这座巨大的坟墓是摩索拉斯与王后阿尔特米西娅爱情的见证。这位王后同时又是他的妹妹（兄妹婚姻大概是加里亚王国的传统，以防止王权他落）。两人青梅竹马，感情甚笃，"在天愿作比翼鸟，在地愿为连理枝"，幻想着死后永不分离。摩索拉斯王死后，王后阿尔特米西娅悲痛不已，肝肠寸断。她化悲痛为力量，独立执政并完成了丈夫的遗志。

然而，摩索拉斯不仅生前未能目睹耗尽 24 年心血建造的长眠之所，而且据说其死后也未能如愿地安葬在那座高大雄伟的陵墓里。据说摩索拉斯王死后，深爱他的王后将他的骨头碾磨成粉末，溶解在葡萄酒里供自己饮用。此举对身体有何妙用不得而知，但国王和王后之间纯洁动人的爱情故事无疑因此传说而失色不少。英国考古学家查尔斯·牛顿从 1856 年起便在摩索拉斯陵墓内进行发掘工作，但时至今日，人们仍不清楚摩索拉斯的石棺究竟是在神像室里，还是放在建筑物地基内部的墓穴中。

▼摩索拉斯陵墓周围的废墟

或许他真的没有被安葬在里面。

也有人指出，摩索拉斯陵墓是一座家族的坟墓。这些人猜想，这里可能并不只是一位国王的墓葬，而是为了纪念和缅怀整个埃卡多米尼迪王朝修建的陵墓。新近发现的雕塑又为这个新的推测增添了佐证。这些塑像大体有三种规格：与真人相仿的自然型、2 米左右的英雄型和 3 米左右的巨型。摩索拉斯和阿尔特米西娅二世的雕像属于最后一种；另外 10 座巨型塑像的残片也被辨认出来了。1966—1977 年，一支由土耳其和丹麦联合组成的考古队首次发掘出了陵墓的地下墓室，发现它是由一个位于中央的房间和前面两个门厅构成的。这个墓室并没有和建筑物中心连接在一起，而是位于地基的西北角，入口被一块几吨重的巨石封闭。后来根据进一步调查研究，终于证实了这座陵墓原来是建在直到公元前 6 世纪还在使用的一片墓地里。这似乎又为上述猜测提供了证据。

令人百思不得其解的另一个问题是，为何将一座陵墓建在地中海城市的中心？对此，有人从古希腊人的价值观角度来解释。在古希腊的文化氛围里，这种坟墓并没有不体面与阴森之嫌。在希腊人看来，死者的世界黑暗而寂静，出没着可怖的幽灵，人死后就会过着暗无天日的生活。解脱之法只有一个：尽可能地为自己赢得死后的荣誉，这样亡灵就会依然存在于活着的人的意识之中；这样才能超越死亡，赋予生命永恒的意义。

▲羊是古代美索不达米亚的主要祭品，人们通过一只踏着生命之树的羊，来寓意农作物的丰收

在 15 世纪初，哈利卡纳苏斯被侵占，新的统治者为了建一座巨大的城堡，因此在 1494 年将摩索拉斯陵墓的一些石头用作建筑材料。时至今日，有不少的雕塑仍然幸存，并存放在英国伦敦大英博物馆。面对摩索拉斯陵墓的残砖碎瓦，不知人们又会做出何种评断呢？

富庶的“众神之门”苏撒

苏撒城距今已有 8 000 多年的历史，被称为“众神之门”。经过几千年的发展，到了大流士大帝时，苏撒城被修建得富丽堂皇，它的发展也奠定了伊朗文明发展的基石。

▲古波斯帝国石雕

据考古资料记载，大流士大帝时建筑苏撒的宫廷诏令很好地保存到现在。这个诏令用三种文字（古波斯、埃兰和巴比伦文字）写成，内容如下：“……这就是我在苏撒城建立的宫殿。其材料来自远方。其地基挖得很深，直达岩层。地基挖好之后，再用碎石填满。部分地基深 40 埃尔（约合 19 米），部分深 20 埃尔。宫殿就建筑在这个地基上。挖地基、填碎石、做砖坯，都是由巴比伦人完成的。”

据史料记载：雪松是由黎巴嫩山区运来的，亚述人把它运到巴比伦之后，爱奥尼亚人再把它由巴比伦运到苏撒；柚木是由楗陀罗和克尔曼运来的；黄金是由萨地斯和巴克特里亚运来的；贵重青金石和光玉髓是由索格底安那运来的；绿松石是由花剌子模运来的；白银和乌木是由埃及运来的；装饰宫墙的材料是由爱奥尼亚运来的；象牙是由努比亚、信德、阿拉霍西亚运来的；石柱是由埃兰阿比拉杜斯地方运来的。加工石料的战俘是爱奥尼亚人和萨地斯人；制造金器的金匠是米底人和埃兰人；制造木器的人是萨地斯人和埃及人；做砖坯的人是巴比伦人；装饰宫墙的人是米底人和埃及人。

在苏撒宫廷的宫墙上，镶嵌着精美琉璃砖浅浮雕，内容大多为王室侍卫、各种动物和神奇的怪兽。这种琉璃砖浅浮雕，就是中国古代典籍中多有记载的碧琉璃，它在当时是一种最高级的装潢艺术。

▼古波斯帝国石刻

犹太人以斯贴记载：公元前 483 年，波斯王薛西斯在苏撒王宫举行的一次盛宴，参加者有波斯、米底和各省的权贵、首领。“他为一切首领和大臣摆设宴席，彰显国家的富足和他的威严的尊贵。他又为所有住在苏撒的大小臣民，在王宫的院子里摆设宴席，

▲古波斯帝国石雕

大吃大喝了7天。有白色、绿色、蓝色的帐篷，用细麻绳、紫色绳从银环内系在白玉石柱上。有金银的床榻，摆在红、白、黑、黄玉石铺成的石地上。用黄金的器皿赐酒，器皿各不相同，御酒很多，足以显示国王的厚意。”

从以斯贴的描述中，我们可以看出苏撒宫廷可谓极尽豪华。如果此记载属实，那么，薛西斯的这个宴会，可以算是世界历史上最盛大的宴会。因为当时苏撒宫廷大小官吏不下几万人，全城的老百姓少说也有几十万人。这么多的人在宫廷中大吃大喝一星期，真是前无古人，后无来者，简直开创了宴会史上的世界之最。

苏撒宫廷经过大规模扩建之后，一直是古波斯帝国的王宫。国王大部分时间住在苏撒，政府机构也集中在这里办公。波斯帝国的赋税大概也交归苏撒的国库收藏。波斯帝国的税收情况应该与当时的经济发展有关。波斯帝国经济的发展促成了政治上的中央集权制，而且这并不是一个单向的过程，后者的建立反过来也促进了前者的发展。为了使陆路和海路的长途贸易得以发展，帝国还建立并维护整个地区的驿道网，为商业的发展提供了便利的条件。例如，波斯帝国修筑的所谓的“御道”，从波斯湾北面的苏撒城向西通到底格里斯河，再由此经叙利亚和小亚细亚，抵达爱琴海沿岸的以弗所，全长2 470千米。沿着帝国御道奔驰的政府信使构成了人类最早的“邮政制度”。

今天，很少有人知晓美国邮政局的座右铭借用的就是希罗多德对波斯御道上飞驰的信使的赞词：“无论刮风下雨，无论酷暑寒冬，无论夜色多么朦胧，都不能阻止信使们跑

▼在大流士为自己建造的宫殿遗址墙壁上，雕刻着一对执仗前行的仪仗队伍

◀波斯国王和贵族生活奢华腐朽，他们不但建造宏伟的宫殿，还在里边尽情享乐。

完指定的路程。”在波斯帝国的“御道”上，每隔25千米设一驿站，总计有111个驿站，每个驿站附近设有旅馆，备有供宫廷信使换乘的马匹。为了确保道路的畅通无阻，沿途有护卫队。信使们每行1～2千米便进行一次传递，这样每天可行300多千米。从苏撒到以弗所商队走完御道的全程得花90天时间，而宫廷信使只需一星期就够了。随着帝国疆域的扩大，从御道上又开辟出几条岔道，向西南通往埃及，向东南通到印度河流域。正是这种“御道”加强了东西交流，促进了双方的经济发展。“御道”的最终目的地就是苏撒城，足见其当时的经济发展状况非同好。

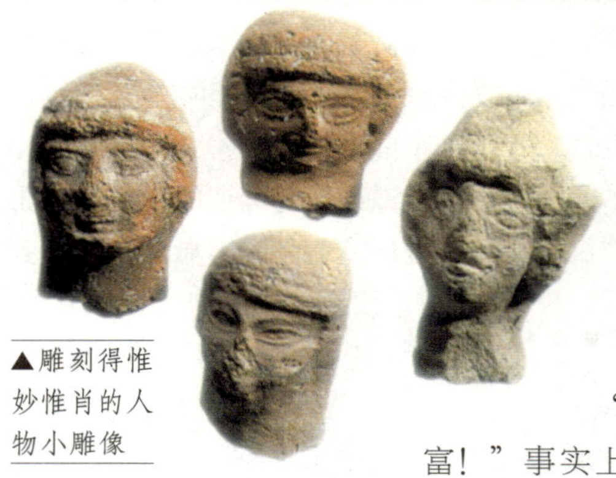

▲雕刻得惟妙惟肖的人物小雕像

帝国强盛，都城更是修建得富丽堂皇、巍峨壮观，这些都凸显波斯帝国中心区的富庶。因此，在希腊人眼里，苏撒成为世界上最富裕的城市，他们发出由衷的感叹：“谁要是占有苏撒的财富，谁就可以与宇宙斗富！”事实上，亚历山大占领行政中心苏撒、故都帕萨家迪后，遇到的最大难题就是不知如何处置宫廷的财富。

波斯帝国灭亡之后，苏撒在很长一段时间里仍然是伊朗最重要的城市之一，并且取得了城市自治权。公元前331年，亚历山大大帝占领苏撒，这里又受到希腊文化的影响。萨珊时期，苏撒居民起义反抗萨珊统治，因而苏撒城被萨珊国王下令毁灭，后被废弃。

▼波斯帝国强盛富有，这是波斯贵族乘坐的战车

“宇宙四方之王”的离奇一生

▲居鲁士的扩张，不但扩大了疆域，而且促进了经济和技术的发展，这是波斯制作的铜质工艺品

自称是“宇宙四方之王”的波斯皇帝居鲁士在短短20年时间里，就控制了波斯邻近的地区，建立了一个庞大的帝国，比以前任何帝国都大。他是一个和历史上所有时代相比最显异常的征服者，关于他生涯的传说也显得扑朔迷离，真假难辨。

公元前10世纪左右，有两个说印欧语的部落来到伊朗高原，一个叫米底，一个叫波斯。公元前7世纪米底人脱离了亚述人的统治，建立起王国，定都爱克巴坦那。到了第四代国王阿斯提亚格斯当政时，米底人早已经征服了波斯人，统治了伊朗高原和亚述。

有一天夜里，阿斯提亚格斯梦见自己的女儿曼丹妮撒尿撒成滚滚洪流，不仅淹没了爱克巴坦那城，而且还泛滥整个亚洲。国王被吓醒了，叫来会占梦的僧侣。僧侣听后大惊失色，说：“这可是不祥之兆，您的女儿将来有危及国家的危险！”从此，国王阿斯提亚格斯对女儿曼丹妮便怀了戒心。等到女儿长大后，他下令她不准嫁给米底的王公贵族，而把她嫁给一个温顺老实的波斯贵族冈比西斯。

曼丹妮嫁出后不出一年，国王阿斯提亚格斯有一天又梦见曼丹妮肚子里长出一支葡萄藤，逐渐枝叶茂盛，遮住了整个亚洲。醒来后，国王又把那占梦的僧侣招来。那僧侣预言，他女儿的后裔将会取代他成为国王。

▼居鲁士及其女人

阿斯提亚格斯立刻派人去波斯探访，果然公主已经怀孕。他急令公主回宫，派人严加监视，准备等孩子一出世，便立即将他弄死，以除后患。不久，曼丹妮生下一个男婴。这个男婴，就是居鲁士。阿斯提亚格斯一听到消息，便叫来王室总管哈尔帕哥斯，让他把曼丹妮的孩子带出宫杀死埋掉。哈尔帕哥斯没有亲手把这个孩子杀死，而是把孩子交给了国王庄园里的一个叫米特拉达铁斯的奴隶牧人。对他说：“国王命令你把这孩子带到山上杀死，不杀死这孩子，你就会去死。”

不知所措的牧人把装着孩子的篮子带回家，他打开蒙着

▲波斯帝国的墙上石雕

孩子的布，看见里边是一个正在酣睡的可爱男婴，而他的老婆斯巴哥则立刻把孩子抱起来。因为恰巧他们的孩子刚生下就咽了气，她已经将死婴送到山上去了。所以斯巴哥哭着说：“千万别害死这孩子，就把这孩子交我来抚养吧，你用我们死去的孩子交差，这样我们的孩子既会得到王子般的葬礼待遇，而这个孩子也不会丢掉性命。”米特拉达铁斯见妻子这样伤心，便按妻子的话做了。他去山里给死婴换上小居鲁士衣服，再把他放到带孩子来时用的篮子里。变成了奴隶牧人的儿子的小居鲁士就这么活了下来。

长大后，居鲁士凭自己的贵族身份，逐渐将波斯 10 个部落的青壮年贵族团结在他的周围。有一天，居鲁士对这些波斯贵族说：“国王让我担任波斯人的领导人，现在每人回家拿上镰刀跟我来做一件事。”大家照他的命令取来镰刀，居鲁士率领他们来到一大片长满荆棘的土地上，让他们在一天之内将荆棘砍尽，开出地来。他们如期干完，但

▼波斯帝国的石雕

每个人都累得要命。第二天。居鲁士杀掉了家中全部牲畜，又拿出酒和许多东西招待昨天的那些人。宴会接近尾声，居鲁士站起来高声问："今天的感受和昨天的感受相比，你们喜欢哪一种？"大家齐声回答喜欢第二种。居鲁士又说："如果你们愿听我的话，就会天天享受这种快乐和幸福，而不会受昨天的苦头。我相信波斯人在任何方面都不比米底人差，凭什么你们该受他们的压迫？你们应毫不犹豫地起来反抗阿斯提亚格斯。"波斯人早就心怀怨恨，不满米底统治，于是都愿意跟着居鲁士造反。

▲波斯人使用的金质短剑

阿斯提亚格斯亲自带兵出城迎战，结果被居鲁士率领的波斯军队打得大败，自己也做了俘虏。波斯军队占领了爱克巴坦那，曾经强大一时的米底王国灭亡了。公元前550年，居鲁士成了波斯国王。

不久，居鲁士率领波斯军队又灭亡了吕底亚王国，然后挥师东进，深入中亚，抵达药杀水，并在今天塔吉克斯坦共和国境内修筑了边境要塞——居鲁士城。公元前539年，居鲁士下令进攻新巴比伦王的首都巴比伦城。对于这座异常坚固的城，他并没有选择立刻攻城，而是利用城内反对国王的巴比伦贵族掌握的军队，打开了城门，使巴比伦城很快落入他的手中。

只用了十几年时间，居鲁士便灭掉米底、吕底亚、新巴比伦三大王国，降服了犹太、腓尼基，把地中海东岸至中亚的广阔地区、众多民族都统一到波斯帝国之中。进入巴比伦这座当时世界上最繁华的城市之后，居鲁士决定把波斯帝国的首都迁到巴比伦城，并且宣布自己是"宇宙四方之王"。

在占领巴比伦之后，居鲁士又想征服埃及，但是，他想在远征埃及之前，先巩固自己东部的后方。于是，他领兵向里海进军，准备消灭那里的马萨革泰人。在这里，居鲁士被马萨革泰人杀死，他死后，他的儿子冈比西斯成了波斯皇帝。

虽然居鲁士的一生都在进行武力征伐，但是他为人豁达大度，宽厚而聪明，在古代许许多多的名王里，他独存最好的声誉，波斯人称他为"父亲"，希腊各城邦称他为"主人"，犹太人深感他的恩惠，称他为"涂圣油的王"。

▼宇宙四方之王——居鲁士的陵墓

▼波斯帝国石雕

第六章

人类文明最早的曙光——苏美尔文明

苏美尔，人类文明的最早发源地。在这里，人们可以追寻最早的人类生活的轨迹，聆听美丽动人的神话故事，还可以欣赏到人类历史上的第一部史诗《吉尔伽美什》。就是这座人类文明的宝库，吸引着无数人们的向往。

苏美尔人来自何方

▲约公元前3150年的雕刻作品

苏美尔人（也译作苏默）是黄色人种，他们建立的苏美尔文明是整个美索不达米亚文明中最早，同时也是全世界最早的文明。但很长一段时间，没有人知道古苏美尔人的来历。他们称自己为“黑头人”，讲一种与该地区闪族部落语言不相干的奇怪语言。苏美尔人到底来自何方？

古代西亚的两河（幼发拉底河和底格里斯河）流域南部的苏美尔地区是人类最早的文明发源地之一。约公元前3500年，该地区就出现了王宫、神庙、文字，产生了城市和国家。他们用牛拉犁，用金属镰刀收割，用车子运输；他们发明了楔形文字，创作了美妙的神话和瑰丽的史诗，发明了计算重量和长度的方法，发明了太阴历等。

▼早在6 000多年前，人们制作出的陶制品

考古材料表明：古老的苏美尔人大约生活在公元前4000年末一前3000年末。因为考古学家在他们生活的地区没有发现旧石器或中石器时代的遗物，最早的遗物也是属于新石器时代晚期的，而且在约6000年前，波斯湾还深入内地，苏美尔地区大部分还是沼泽，不能居住。约公元前2007年，苏美尔人的国家被外族摧毁，苏美尔文明也就此终结。

古代苏美尔人个子十分矮小、圆颅直鼻且不留须发，但是他们身体健壮，这些特征和后来移居苏美尔地区的长脸钩鼻多须发的闪米特族人不一样。

这些情况叠加到一起使得苏美尔人的来历问题变得更加扑朔迷离。那么，古老的苏美尔人到底来自于何处？根据不同的考古发现，产生了很多种说法。

一部分人认为苏美尔人来自于东方山地。他们

▲在苏美尔地区，人们主要从事的是农业生产劳动，当时的农业已经有了很大的发展

的依据是每个苏美尔人的城市都拥有一座名为“齐古拉特”的梯形塔。这种奇怪的塔形如一层层叠放的砖面，每层都比底下的一层小，以此形成阶梯通向顶端的神殿。考古学家和学者认为，之所以会出现这种“梯形塔”，就是因为苏美尔人从山地移居过来的缘故，当他们来到平原以后，由于没有依傍的高山，他们便建造了这种形状的塔。而生长在平原的人是不可能建造和山有关的事物的。进一步考证得出，苏美尔人这种“梯形塔”主要是为了供奉他们的祖先，也许苏美尔人把这样的山看作是他们走过的路的象征。而且一些文献中记载，苏美尔人的神和神庙通常都是和山岳联系起来的，这些都成为苏美尔人来自山区的佐证。

◀聪明能干的苏美尔人给后世留下了很多青铜雕像

▼拜神灵的苏美尔人建造了很多神庙和金字塔

还有一部分考古学家发现乌鲁克出土的陶器与东方山地古埃兰陶器有相似的地方，某些最古老的城的名称，如苏鲁克帕和泽母比尔的字尾与埃兰人的安山语有相似之处。由此，他们得出结论：苏美尔人可能来自底格里

斯河以东的山地。

20世纪50年代，考古学家在埃尔欧贝德（乌鲁克附近）和埃利都的一些地方发现比乌鲁克时代还要早的居住地。他们的物质文化与乌鲁克所发现的苏美尔文化有不同之处。从政治与宗教方面看，欧贝德文化与乌鲁克的苏美尔文化似乎是一致的，但是在陶器方面却有显著的不同。欧贝德文化的陶器与两河流域北部草原地带所发现的古代文化遗物有很多相似的地方，并且它们显然是同出于一源的。所以，这部分考古学家认为，苏美尔人一定是来自两河流域北部草原和丘陵地区。

▲善于作战的苏美尔人已经制造了如黄金短剑、青铜戈和长矛等武器

还有一种说法是根据苏美尔人自己的传说，认为他们最早的祖先住在第尔蒙岛，这可能是苏美尔以南波斯湾中的一个岛。还有关于深渊之神埃阿的传说，传说中埃阿是人鱼形的神，它上溯河流游到埃利都，在那里教人建城（埃利都是苏美尔地区最古老的城市）。根据这种传说，似乎苏美尔人最早应该是从南方来的。

也许，到现在为止人们也没有完全弄清楚苏美尔人是从何而来的，但是他们的诸多发明为后来的人类技术和文化的发展起到了重要的作用。可以说苏美尔人是早期最有创造性和发明精神的人类。

▲在乌鲁克出土的刻有精美人物的陶制花瓶，显示出当时制作工艺的精良

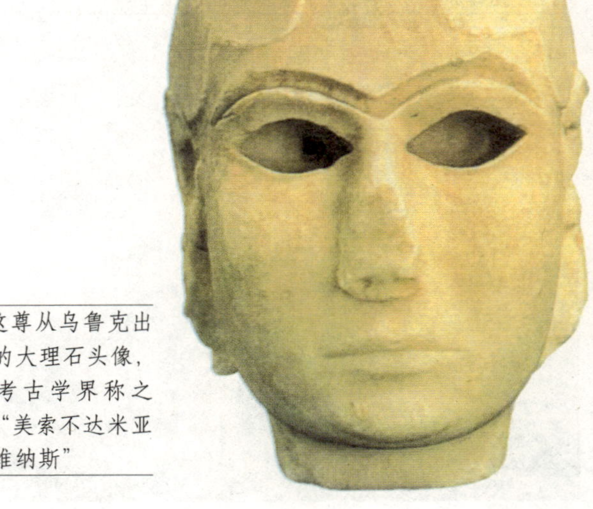

▶这尊从乌鲁克出土的大理石头像，被考古学界称之为“美索不达米亚的维纳斯”

史诗《吉尔伽美什》

提起美索不达米亚文学，人们总是首先想到著名的《吉尔伽美什》，这是人类历史上第一部有文字记载的史诗。的确，这是两河流域文学最杰出的作品之一，充分展示了东方文学的巨大魅力，足以令美索不达米亚人民感到骄傲和自豪。

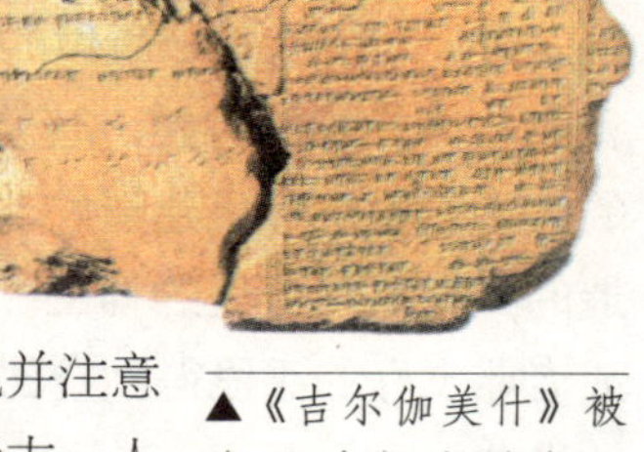

▲《吉尔伽美什》被发现时它被刻在12块泥板上

《吉尔伽美什》这部史诗的主要部分于19世纪中叶从亚述古都尼尼微出土，经过学者们约半个世纪的发掘整理，到20世纪20年代，这部史诗的泥板已基本复原，翻译和注释也基本完成。我国也已有该史诗的中译本。这里特别要提到大英博物馆的乔治·史密斯，是他首先发现并注意到这部史诗。由于他的成功译读以及在尼尼微遗址的实证考古，人们才注意到这部最古老的史诗，并对史诗进行翻译和研究。可以说，史密斯为《吉尔伽美什》史诗重新面世作出了杰出贡献。

《吉尔伽美什》是古代两河流域最有影响力的文学作品，这是一首长篇叙事神话史诗，共3 000多行，用楔形文字刻在12块泥板上。

传说，在两河流域南部苏美尔地区的乌鲁克城邦，有一位人神混合体国王，名叫吉尔伽美什。他残酷地压迫和残害人民，弄得百姓不得安宁。天神派来半人半兽的怪物恩齐都和他交战，结果由于英雄惺惺相惜，他们结成了好朋友。后来，他们为老百姓立下了不少功劳，还从怪兽芬巴把手中救出了女神伊丝塔尔。得救的女神爱上了吉尔伽美什，但遭到拒绝，恼羞成怒的女神让自己的父亲最高天神派天牛来向吉尔伽美什报复。天牛虽然被他俩杀死了，可恩齐都却因诅咒而死。于是，吉尔伽美什千方百计地寻找灵丹妙药来解救自己的朋友，他的虔诚终于感动了天神，恩齐都复活了。整个史诗便在恩齐都叙述在地狱的经历中结束了。

▼吉尔伽美什的形象经常出现在雕刻作品中，在这幅浮雕中，他抱着他刚捉到的狮子，显得勇猛异常

故事迂回曲折，情节跌宕起伏，语言十分优美，生动地反映了苏美尔地区的人们探索生死奥秘这一自然规律的愿望，也表现了他们反抗神意但最终难逃失败的悲剧色彩。尽管史诗带有浓厚的传奇色彩，但在一定程度上反映了某些真实的历史过程。

在巴比伦时期的泥板以及石刻中，许多是以吉尔伽美什的传奇故事为题材的，说明该史诗不仅有很高的文学价值，而且也有重要的史学价值。

女神伊南娜

▲作为保护人类的战神，伊南娜将滋润万物的生命之水赐予人类

在古代社会中，由于生产力低下，人们不得不将自己的生活寄托于神灵的庇佑，这样就促成了很多神灵形象的出现。在苏美尔人众多神灵中最重要的一个，就是被称为金星神的伊南娜。

传说中，伊南娜是天上的女王、乌鲁克城的保护神。她是一个倔犟的女神，想做的事情总想尽办法做到。在她做乌鲁克城保护神的时候，智慧之神安启住在阿普苏，即深不可测的大海之中。他已建造好苏美尔最古老的城市埃利都，并把他创造的具有重要价值的神圣礼仪储藏在那里。伊南娜决定用友好的或者非友好的手段得到全部的文明礼仪，以使她的城市享有不朽的光荣。

于是，她亲自前往埃利都的阿普苏，面见智慧之神安启。伊南娜款款地来到阿普苏，她亭亭玉立，光彩照人。安启远远地看到她，顿时为她那倾国倾城的美貌所倾倒。他召唤身旁的伊斯麦德，对他说："我的使者伊斯麦德，听我吩咐，按我的话去做。瞧那个朝阿普苏走来的美人，瞧那个独自向阿普苏走来的伊南娜，快去迎接她，献上清凉的甜水解除她一路的劳顿，献上椰枣酒为她洗尘。赶快去准备酒宴，神圣的天神之宴，我要隆重地欢迎她。"伊斯麦德遵从安启的吩咐，把一切安排妥当。

安启热烈地迎接远道而来的温柔使者，请她坐在自己的身边。望着娇媚的伊南娜，安启心旌摇荡，神魂颠倒。他不停地劝酒，也把自己喝得满脸绯红。安启迷迷糊糊，心里只想着怎么讨好身边的美人，让她高兴，于是不假思索地高声喊道："以我的名义，以我无比神力的名义，我要把神权、伟大神圣的王冠和宝座送给我纯洁无瑕的女儿。亲爱的伊南娜，请接受我的一点小意思！"伊南娜一听，喜上心头，

▼在这幅壁画中，美丽的女神伊南娜被南纳关押在地狱中，忍受着折磨

赶快站起身来，接受馈赠。她刚刚坐下，安启又将王权的象征王笏送给她。安启在美酒女色的刺激下，一而再、再而三地大声呼喊。最后，他一共把一百种神圣的东西赠给了伊南娜。

伊南娜乐不可支，怎么也没想到会如此轻而易举地得到她梦寐以求的东西。她不敢在宫廷久留，千恩万谢之后，赶快告辞，起身返回乌鲁克。伊南娜小心翼翼地把全部礼品装上天舟，扬帆疾驶。这些礼物包括神权、王权、不朽的王冠、王位、王笏、伟大的神圣地位、音乐与乐器、真理、真诚、正直、善良等。其中就包括了为后世流传的楔形文字。

这虽然是古代苏美尔人的神话传说，但是，通过苏美尔人发明的楔形文字，才让刻写在石头和泥板上的神话故事得以保存下来，让现代人可以有幸欣赏这些古代的神话和故事。

▲女神伊南娜的玄武岩浮雕，在她的王冠中有一弯新月，身后的条纹象征她所发出的万丈光芒

▼古代印章，里面描绘了苏美尔的三个天神：女神伊南娜与太阳神乌图和水神恩基，人物刻画栩栩如生，有着很高的雕刻水平

文明的“火种”

之所以把古代苏美尔人的文字叫楔形文字，是因为这种文字的形状头尖尾宽，呈楔子形状。苏美尔人创造出这种文字后，萨尔贡的阿卡德王国征服了这个地区，也沿袭使用这种文字，并在西亚的一个闪米特民族中使用，甚至后来的波斯大流士帝国还在使用这种文字。

▲楔形文字的制作工具。楔形文字的影响是深远的，为古代文明的传承起到了巨大的作用

一般人认为文字的起源是由图画象形到符号表意，再发展到字母标声。考古学家们也是这样看待苏美尔人的楔形文字的。考古学家根据文字发展的规律推定楔形文字是一种象形—表意文字，因为在较为原始的楔形文字中找到了许多从图到字的演变过程。打鱼的人画鱼，放牧的人画牛，由图画变成符号就产生了文字。因此传统的考古学家和历史学家认为楔形文字起源于当地特殊的渔猎生活方式。

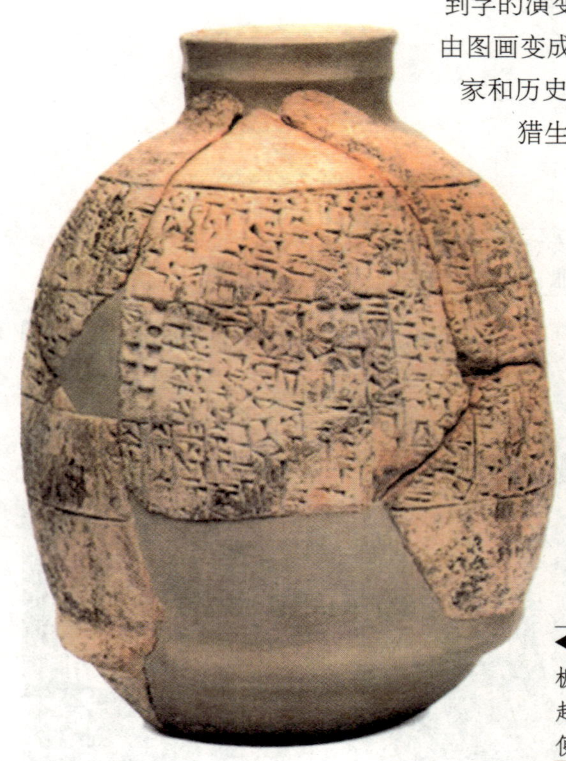

◀刻有楔形文字的泥板贴在陶罐上，既能起到装饰的作用，又便于文字的保存

但是，也有人认为，关于楔形文字的起源说源于6 000多年前的一次天文事件，那是关于一座帆船X号超新星的爆炸。乔治·米察诺斯基，是一位古代苏美尔学专家，他曾对楔形文字作过详细的研究。在研究过程中，他发现一个现象：在较早的泥板文书中，有大量的泥板书中用楔形文字记录了同一颗星星。于是，他提出了一个大胆的假设，古代苏美尔文明的起源同这颗星有关。

随后，美国国家航空和宇宙航行局的天文学家理查

▲刻有楔形文字的泥板。虽说考古学家已经破译了部分楔形文字，但这种复杂的古代文字并没有完全为人们所知晓

▲在苏美尔地区的学校中，学生们使用这种泥板制作的课本上课

德·斯特塞经过精确计算指出，米察诺斯基所说的这颗“文明之星”就是6 000年前爆炸的那颗超新星。而且，它是人类历史上最大的一次天文事件。在这颗超新星爆炸那天，光芒盖过了白天的太阳。据说，那时晚上的夜空中，竟然有两个月亮挂在天空中。

在古代闪米特族人的神话中，也同样有许多天使从天上降到波斯湾，然后循着一条光带来到他们中间的故事，专家们认为这些神话正是这一事件影响的反映。关于这颗星的谈论演化成了神话和宗教，而关于这颗星的图画就演化出了最初的文字。专家们发现，在楔形文字中最早和最多使用的两个字是：“星”和“神”。这两个字十分相似，同出一源。

虽然关于古代楔形文字的起源的争论还在继续，但是它的诞生和发展，都有着人类早期文明出现时的影子，作为世界上最重要的一种文字，它的贡献是无可比拟的，也形象地被后人称为“文明的火种”。

▶闪米特人制作的陶片饰品，饰品中的动物是月亮牛和狮头太阳鹰

多灾多难希伯来人

古代的巴勒斯坦相当于今天的以色列和约旦两部分。据希伯来人说，这里是上帝给他们的一个“许愿之乡”，是“奶与蜜流经之地”。即这里原来是自然环境不错的地方。学者们估计，可能是由于兵祸不断，无人照料土地，沙漠得寸进尺，使今日的巴勒斯坦除少数绿洲外，大都是不毛之地。这也给希伯来人的悲惨的命运史添加了神秘的色彩。

▲古代希伯来人制作精美的手抄稿，考古学家通常通过这些希伯来文字记载来研究古希伯来文化

所谓“弱肉强食”，古今皆是如此。由于力量弱小，独立时期短，希伯来人可谓屡遭磨难，主人虽不断更换，但受宰割的命运却是一直延续。

埃及人成为希伯来人的第一个主人。希伯来人是为躲避灾荒逃到埃及的，但到埃及后，希伯来人受埃及人的奴役和剥削，甚至差一点遭受绝种的危险。幸好他们伟大的领袖摩西解救了他们，历尽艰难险阻，他们终于回到了自己的家园。

接下来压迫希伯来人的是腓力斯丁人。英勇的希伯来人把这个外敌成功地驱逐出去了，这也许是希伯来人屈指可数地成功地打退侵略者的斗争之一。但是，有喜就有悲，在反腓力斯丁人的斗争中，以色列人和犹太人之间也埋下了不和的种子，加上先后两任统治者大卫和所罗门对以色列人的歧视性政策，公元前11世纪由扫罗建立的统一王国维持了仅仅70年，就衰弱下去了，而且分裂成了两个更加弱小的国家——以色列和犹太王国，这也为后来他们屡受压迫埋下了伏笔。

▼这是一张在古巴比伦成图的巴比伦国王马杜克·扎西尔·苏密颁布的土地特许凭证

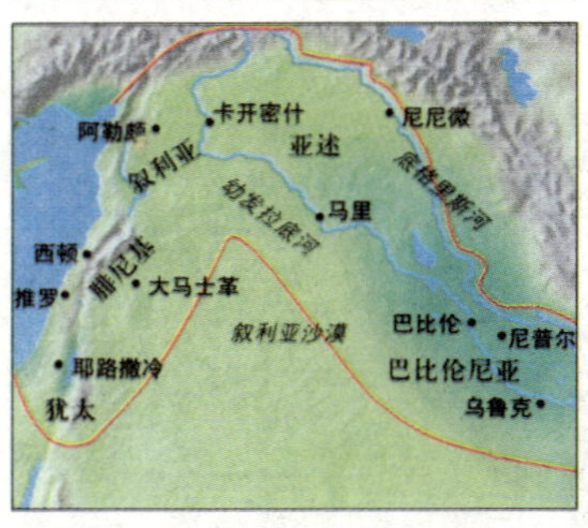

▲尼布甲尼撒统治时期的新巴比伦的疆域图

第三个外敌是亚述人（前722）。亚述人虽然只灭亡了以色列王国，但犹太王国付出的代价也很

沉重，据说他们用成吨的黄金赎金才保住了弱小王国的独立。如此沉重的打击使得希伯来人痛恨嗜血的亚述帝国，在《圣经》中咒骂他们的都城尼尼微是“血腥的狮穴”。

后来，新巴比伦崛起了，他们在公元前586年再次侵入了希伯来人的家园。更为严重的是，这个外敌不仅灭了犹太王国，还把圣殿的金银珠宝掳光，并制造了令犹太人刻骨铭心的“巴比伦之囚”，以致于在《圣经》中，尼布甲尼撒被描绘成世界上最坏的、并饱尝报应的君主。

巴比伦人刚走，波斯人的铁骑又来了（前538）。与以往有所不同的是，波斯人并没有被称为侵略者，反而被他们当做“主人”。这主要是因为波斯人不但释放了“巴比伦之囚”，而且还让犹太人重返家园，于是，波斯君主居鲁士便被犹太人称为“涂圣油的王”。不过，千万不要以为居鲁士释放他们是出于对犹太人背井离乡的同情或出自个人的仁慈，他只是计划将耶路撒冷作为进攻埃及的跳板而已。犹太人成为囚人后，曾梦想返回家园，犹太人的先知便迎合这种心理需要，宣扬救世主不久要降临人间，拯救犹太人重返家园。居鲁士的放囚正好吻合了这个预言，这一历史巧合便是犹太教产生和发展的因素之一。

◀在十字架上受难的耶稣

▼犹太教文物

随后，亚历山大灭亡波斯帝国后，巴勒斯坦地区自然而然地便从属于亚历山大帝国了。亚历山大帝国崩溃后，继承了亚历山大帝国衣钵的托勒密王国，便将犹太人纳入了自己的王国之内。后来，亚历山大部将塞琉古在西亚建立的塞琉古王国，不但统治了广阔的西亚地区，更是疯狂迫害犹太人，残酷的压迫终于引起犹太人起义。

最后，罗马帝国称雄于亚欧非，也掀起了疯狂迫害犹太人的波涛。传说中耶稣就是被罗马帝国钉死在十字架上的。所以在罗马帝国时期，犹太人就把犹太教发展为世界性的宗教，即基督教。继罗马帝国后，犹太人散居世界各地，成为世界上背井离乡的唯一的无祖国的民族。

但这并不是犹太人多灾多难的最后一幕，因为以后还有众所周知的希特勒的疯狂迫害。直到1948年建立以色列国。看来，犹太人虽然灾难深重，但他们与世界文明舞台将共始终。

影响深远的文化成就

希伯来人虽然不及两河流域人和埃及人那样有科学才能和艺术造诣，但他们给后世留下了影响深远的文化，并留下了举世闻名的《旧约全书》。虽然这是一部宗教经典，但实际上仍有许多世俗成分，说得确切些，《旧约全书》也是希伯来人的历史、哲学、文学、法律等方面的典籍。所以现在有了圣经学，甚至圣经考古学。

谈起希伯来文化对后世的影响，首先应是宗教和历史方面。他们为后人留下了世界第一大教——基督教，而且，留下了很多基督教的经典典籍，如《圣经》。此外，他们还为另一大宗教——伊斯兰教的发展作出了卓越的贡献。在历史方面，《旧约全书》所载的许多故事，并非全是虚构的神话故事，它有一定的历史内核。至于《创世记》，直到今天，仍被信仰基督教的人视为历史哲学。

希伯来人的文学成就也是非常突出的。有专门为年轻人而作的《雅歌》，专谈爱情方面。有专门属于老年人的《箴言》，充满了人生哲理。而至于那部文学经典《约伯记》，则常被人们视为文学方面的最高成就，这篇作品的中心主题是“为什么正直的人遭受苦难而恶人却养尊处优呢？”有的学者认为，这是属于全人类的著作，是最古老的最先探讨严肃社会问题的文学作品。所有这些作品，是西方文艺复兴以来最有影响的启蒙文学作品。

▼一个老人在犹太宗教节日上进行祷告的情形

此外，希伯来人还在哲学方面作出了杰出的贡献。《传道书》中已有如下一些哲学思想：一是机械论，认为宇宙是一种毫无目的的转动不息的机械，日出和日落，出生和死亡，只不过是无休止地反复轮回；二是宿命论，认为人是命运的玩物，“快跑的未必能赢，力战的未必得胜，智慧的未必得粮食……所临到众人的，是在乎当时的机会”；三是悲观主义，认为一切都是精神空虚和烦恼，虽然智慧胜于愚蠢，但这不一定是通向幸福的闸门，因为所知越多，对苦难也就越敏感；四是节制，“不要行义过分……不要行恶过分”等。所有这些思想，熟悉今日西方哲学思想的人，不难看出其继承关系。

希伯来人对于法律制度的建设也

▶在这幅油画中，生动地描述了所罗门国王利用超人的智慧巧妙地解决了两个妇女争夺孩子的故事

是非常重视的。《申命记》里有不少法律条文，如要求宽厚对待穷苦人和外邦人；法官和其他官员应由民众选举，禁止他们接受礼物和任何形式的偏袒不公；不许以父亲之罪株连子女等。所以有的学者说，《圣经》已有平等、博爱、法律面前人人平等、民主政治、尊重人权等思想。

至于艺术方面，他们虽在这方面没有高超的才能，可是《圣经》中的故事，就是达·芬奇、拉斐尔等文艺复兴以来的艺术大师们取之不尽的艺术素材。

可见，希伯来人的文明虽然充满了埃及人的风格和两河流域人的情调，但无疑也有自己的特色，他们可能是古代西亚各民族中唯一关心来世的民族，尤其是《旧约全书》，对后世的影响比较深远，以至有些西方学者认为，如果没有希伯来人的遗产，西方文明将完全是另一个样子。

▼后人创作的描述耶稣被钉死在十字架上的油画

先知摩西

▲摩西带着上帝授予的《十诫》，带领犹太人找到了属于自己的乐土

苦难并没有压垮勇敢的希伯来人，他们一次次地抵抗着外来的压迫。他们终于盼来了解救自己的伟大首领，带领着他们寻找到了属于他们的乐土。这就是希伯来人著名的首领摩西，也就是那位得到《十诫》并带领希伯来人逃离苦难的摩西。

▲后人根据《旧约》中描写绘制的摩西分开红海带领犹太人逃出重围的场景

最早的希伯来人在尼罗河三角洲西部过着安乐的日子，受到历任埃及法老的保护。不过，到了公元前1304年，塞提一世登基成为法老之后，埃及境内的希伯来人已经增加到数百万名之多，在塞提一世看来，这简直就是王国的心腹大患，于是他便想将这些人贬为奴隶。

于是，希伯来人的奴隶生涯开始了。他们被派去从事极其辛苦的工作，女人下田播种，男人挖黏土来做砖头，连小孩子都得帮忙推车。冷酷的塞提一世对他们十分凶残，给的食物虽然够吃，却非常粗劣，企图要把希伯来这个民族一点一滴地消灭殆尽。然而他们的抵抗力却是那么的旺盛，出生率甚至不降反增，人数变得比过去还多。法老一听到这个情形，按捺不住满腔

▼金字塔陵墓中的军队。在埃及人的奴役下，犹太人面临着灭顶之灾

◀摩西解救了苦难中的犹太人，成为犹太历史上一位伟大的首领

▶婴儿摩西被人发现，并被抚养长大

怒火，竟做出一个可怕的决定："叫埃及人的产婆去帮那些即将临盆的希伯来女人接生，如果是男孩的话，格杀勿论！"

这个消息立刻传遍全国。希伯来的父母绝望地哭喊，满怀怨怒，却又无能为力，只能眼睁睁地望着尼罗河水面上载沉载浮的小尸体，把泪水全吞进肚子里。

然而，其中一个母亲却把她刚出生的儿子藏了起来。接下来的3个月里，她偷偷地喂他母奶，抚养那孩子，只要孩子一哭马上就哄住，免得被埃及人听到。那孩子越长越壮，做母亲的不得不想办法把他安置到别的地方去，不然万一被卫兵们发现了，法老会很愤怒。于是她拿了些纸莎草编成一个摇篮，并在篮子里涂上石漆和石油，以防止篮子渗水。她怀着一颗破碎的心，把孩子抱进摇篮里，走到河边，将篮子放在平静的尼罗河水面上。孩子幸好被法老的大女儿蒂迦公主所救，并将他抚养长大，给他取名为摩西。

于是摩西就在埃及人的王宫中，度过了童年和青少年时期。他和蒂迦的小弟弟拉美西斯一块儿玩耍长大，并由于小王子的关系，得以接受同样的皇家教育，学会读书和写象形文字。他也从蒂迦公主的话中，得知了自己的身世。他决定带领希伯来人逃离埃及。摩西对希伯来人说，只有回到迦南，才是唯一的出路。

但是大多数希伯来人没有勇气同勇猛强悍的迦南人进行战斗，摩西只好带着希伯来人到处流浪。40年过去了，摩西已经成为一个衰弱的老人。过了不久，摩西去世了。后来，在约书亚的带领下，经过无数次的战斗，终于渡过了约旦河，在迦南定居下来。

虽说关于摩西的记载仅限于《旧约》中的记载，但是，人们还是相信是这位伟大的首领摩西带领犹太人找到乐土的。特别是随着伊斯兰教的传播，摩西在整个伊斯兰世界里成了受人敬仰的人物。

▼虽然犹太人身心上受到摧残，但他们从未停止过反抗

第七章

天堂花园巴比伦文明

它是人类历史上的四大文明古国之一，有着辉煌的历史和文明，有美丽的“空中花园”、与天对话的“通天塔”，奇观古迹数不胜数；有法力无穷的“太阳神”、美丽的“月神”，美丽的神话传说引人入胜……这就是巴比伦，一个充满无数可能的地方。

巴比伦的太阳

苏撒城遗址上曾树立着一根黑色玄武岩大石柱，上面有两个浮雕人像，端坐在宝座上的是太阳神沙马什，站着的就是汉谟拉比。整幅浮雕的意思就是汉谟拉比恭敬地受命于太阳神沙马什来统治人民。

这位汉谟拉比国王是古巴比伦王国历史上极其杰出的国王，当他在位时，推行军事征服政策，统一了两河流域的大部分地区，缔造了强盛的古巴比伦国。而且，他还颁布了《汉谟拉比法典》，这是人类历史上迄今为止发现的最早的法典，所以，他被人们称为“巴比伦的太阳”。

作为巴比伦国的第六代国王，当汉谟拉比继承王位时，巴比伦仍向北方的亚述称臣，其领土范围长不过 120 ~ 130 千米，宽不超过 32 ~ 33 千米。汉谟拉比上承祖先留下的基业，再加上他的雄才大略，努力治国。一边制定法律、修筑城墙、重建神庙，一边积聚实力、消弭内争。经过多年的努力，汉谟拉比终于使巴比伦一跃成为两河流域显赫一时的大国。

▲伟大的汉谟拉比国王（前 1792— 前 1750）的头像

▶汉谟拉比在向最高的神——太阳神做着祈祷

当国力逐渐强盛的时候，汉谟拉比的才能也逐渐地显现出来了。他采取灵活多变的策略，利用各城邦之间的矛盾，集中力量，各个击破。首先，他继续承认亚述的统治，同时与北方的马里、南方的拉尔萨结成联盟，联合马里、拉尔萨的力量，灭掉了南方的近邻伊新。随后他又联合幼发拉底河流域的许多城邦，征服了一些游牧部落，同时发展与东地中海城邦的贸易和外交关系。

当时马里国王是吉姆里利姆，汉谟拉比与他互称“兄弟”，约定行动一致、互相支援。马里摆脱亚述的控制，击退草原部落和东部邻国埃什努那的入侵都获得了汉谟拉比的帮助。

公元前 1765 年是汉谟拉比在位的第 31 年，巴比伦对拉尔萨发起最后的攻击。数月后，终于灭掉了这一长期的劲敌，国王黎姆新不得不逃奔埃兰。

拉尔萨的灭亡震惊了马里等邻国，马里国王立即召回和巴比伦人一起在拉尔萨作战的部队，但是，此时他已经无法控制崛起的巴比伦了。在灭掉拉尔萨之后，汉谟拉比挥师直逼马里，吉姆里利姆不得不臣服于汉谟拉比。两年后，汉谟拉比借吉姆里利姆举兵反叛的时机，将繁荣昌盛的马里夷为平地。汉谟拉比节节胜利，对亚述发动了攻击，占领了其南部领土。在汉谟拉比在位的第 38 年，他用决河屠城的手段攻灭了埃什努那。

汉谟拉比花了 35 年的时间，创建了一个从波斯湾至地中海沿岸的中央集权的奴隶制帝国。他自称是“强大之王，巴比伦之王，阿穆鲁的全国之王，苏美尔和阿卡德之王，世界四方之王”。

公元前 1750 年，汉谟拉比病逝。汉谟拉比死后不久，古巴比伦王国逐渐衰落，两河流域重新陷入分裂割据之中，四周的游牧部族，又纷纷侵入到两河流域。公元前 1595 年，古巴比伦被北方的赫梯灭亡。这以后，本地人建立的王朝和外族人建立的王朝交替统治两河流域。

▶刻有《汉谟拉比法典》的石柱

▼ 汉谟拉比经过多次战争终于控制了整个美索不达米亚，疆域空前强大

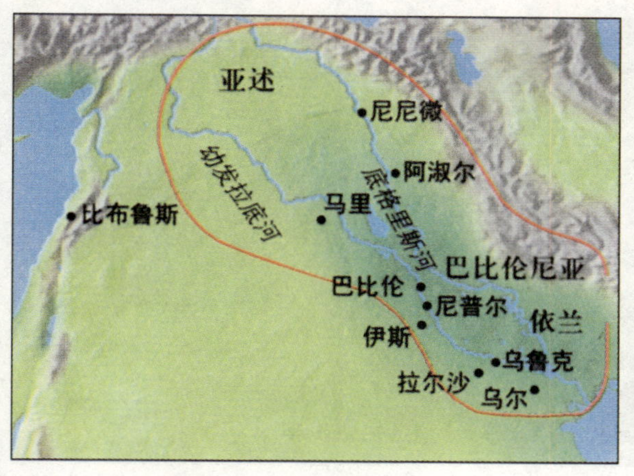

古巴比伦的神灵

古巴比伦人认为，人与神是在相互依靠中生存的，人要仰赖神的赐予获得农业丰收及平安，而神则需人们的供奉来彰显威严。古巴比伦人心中的神要有住宅，要吃饭，要穿衣，甚至还要沐浴，所以，古巴比伦的庙宇之多、祭祀活动之多是可以理解的。

▲虔诚的信徒们正在进行祭拜活动

在被古希腊人称之为“美索不达米亚”（意即两河之间的地方）的西亚两河流域（幼发拉底河和底格里斯河），自古便是世界古代文明的摇篮。在底格里斯河南部有一座城叫做巴比伦，后来成为统一的巴比伦帝国的政治中心，因此，人们又把这一地区叫做巴比伦尼亚。

在人类发展之初，并没有专门的神灵崇拜，但是，到了大约公元前 4000—前 2000 年，宗教神灵的形象有了明显的变化，诸神被认为具有人的形象。更为重要的演变是，在苏美尔一巴比伦的宗教神话中，诸神组成的神灵世界开始组织起来，形成一个类似长老议事会（早期国家的最高统治机构）的天国结构，每一位神都在这个天国政府中取得了一定的官职和职能。

从公元前 2000 年开始，神灵对世界和社会人事的干预大大加强了。宗教要求人类虔诚地放弃人的一切主动性，绝对地相信和依赖神的安排和干预。与此相应，强调人的罪恶感，祈求神赦罪、向神赎罪的个人性宗教信仰也因此得到更多的表现。

▼“新月沃地”是著名的两河流域文明的发源地

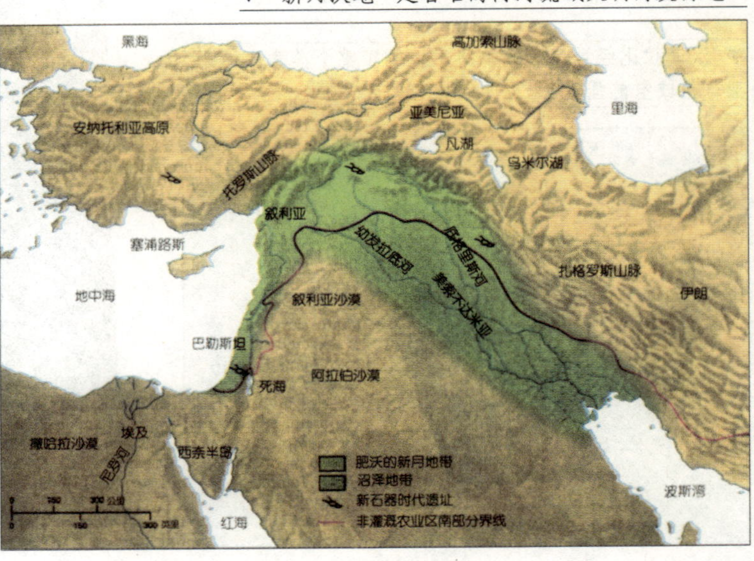

原始社会时期，两河流域人类的崇拜主要表现在对于自然力的崇拜，从苏美尔－阿卡德时

代开始，崇拜偶像逐渐演变为各个城市国家的保护神。安努是乌鲁克城的地方保护神，原是天气神，其职能是安排天体众星的位置来显示一年的历程和季节的变化；英利尔神是尼普尔城的地方保护神，原是暴风雨和主管农业的神，在神话中是锄头的发明者；伊阿神是埃利都城的地方保护神，原是水神，他的神庙原来建在两河入海的河口。

▲太阳神马杜克是人们心目中创造世界和第一个人的伟大的神

安努、英利尔、伊阿就是被合称天、地、水三位大神，安努则成为三神中的主位神，被认为是万神之父和诸神之王，是负责处理宇宙事务的众神大会的主持者。每一位神都有自己的神庙，神就生活在庙宇之中，庙宇周围的土地和城镇在观念上都属于神所有，并由神经营和管理。

例如，在神话“恩凯和世界秩序”中，恩凯神代表英利尔神来组织世界秩序。他就如同是一位管理大庄园的大管家一样，在庄园里安排了各种各样的社会工作和经济工作，同时指派不同的神分别进行监督。

另外，从其他的神话故事中，可以看出诸神按照贵族内部民主制的方式组成宇宙国家一级的诸神大会，这是处理宇宙事务的最高权力机构。诸神参加诸神大会，对具有全局性的事务进行投票表决。天神安努是诸神大会的“主席”，是地位最高的神。各项宇宙事务分别由年长的神担任，各司其职。

神灵世界的组织形式和宇宙秩序随着巴比伦尼亚地区社会结构的变化而变化。“鲁戈尔·埃”神话对世界秩序的形成问题就有了新的说法。它把世界的秩序说成是征服者的安排：地神英利尔的儿子、年轻的国王尼努尔塔神在征讨各地获得胜利之后，便对世界秩序进行了重新安排。公元前 2000 年，巴比伦强大起来建立起统一大帝国的时候，该城保护神马尔都克神便成了诸神之主。

◀古巴比伦人很早就学会了驯化马，并将战车运用到战争中

《汉谟拉比法典》

4 000多年前有一位著名的国王，他不仅完成了两河流域的统一，同时，他也是法律秩序的制定者，颁布了世界上第一部成文法典，成为后世众多国家立法的楷模。这位国王就是汉谟拉比，而那部著名的成文法典就是著名的《汉谟拉比法典》。

《汉谟拉比法典》最初出现在人们的视野中是在1901年12月的一次考古挖掘中。由法国人和伊朗人组成的联合考古队正在伊朗西南部一个名叫苏撒的古城旧址进行发掘工作。有一天，考古人员发现了一块黑色玄武石，几天以后又发现了另外两块。将三块拼凑起来，恰好是一个椭圆柱形的石碑。这块石碑高达2.25米，底部圆周长为1.9米，顶部圆周长为1.65米。石碑的上部是浮雕，下部是用典型的阿卡德语（即巴比伦语）楔形文字镌刻的铭文。历史学家和考古学家们经过缜密考证后断定：它就是人们耳闻却未曾目睹过的《汉谟拉比法典》。

▲在这块石碑浮雕上，雕刻着《汉谟拉比法典》

《汉谟拉比法典》是古巴比伦王国第六代国王汉谟拉比（前1792—前1750年在位）颁布的一部著名法典。但是，众所周知的是，古巴比伦王国位于幼发拉底河和底格里斯河流域（大体相当于今天的伊拉克），假如这部法典是“真身”，怎么又会跑到苏撒去了呢？后来，这个问题终于得到了答案。原来，公元前3000多年前，在今天伊朗迪兹富尔西南的苏撒盆地有一个强大的奴隶制王国，叫埃兰（又译“依兰”），古城苏撒就是埃兰王国的首都。公元前1163年，埃兰人攻占了巴比伦之后，便把刻着《汉谟拉比法典》的石柱作为战利品搬到苏撒。埃兰王国后来被波斯灭亡。公元前6世纪波斯帝国国王大流士即位后，又把波斯帝国的首都定在苏撒，这部石柱法典便又落到了波斯人手中，于是，它就出现在了波斯古都苏撒了。

▼汉谟拉比使古巴比伦走上了辉煌之路

石碑的“正身”被验明之后，人们又生出了新的疑惑：发掘出来的圆柱正面7栏的文字为什么被磨光了呢？

根据史料记载，埃兰国王攻克了巴比伦后，自感成就非凡，不甘身死名逝，于是打算在这巨大的圆柱石碑正面刻上自己的丰功伟绩。可是，毁去上面的字迹后并没有刻上新字，这就不知为何了。

不过，不管埃兰王出于何种原因，石碑原文确是很好地保存下来了，仅有 35 条被磨损。后来在苏撒、亚述等地发现了法典的泥抄本片段，从而使石碑被磨损的部分几乎全部得以补齐复原。否则便无法称其为“世界上迄今为止第一部较为完备的成文法典”之美名了。这部法典由序言、正文（282 条）和结语三部分（共 3 500 行）组成。内容从道德说到国家义务，又说到私人社会生活的各个领域，其内容包括诬陷、盗窃、窝藏、抢劫、兵役、租地、关于土地的经济纠纷、果园、实物租赁、商贸、托送、人质、债务、寄存保管、婚姻、继承、收养、人身伤害、医疗、理发、建筑、船业、租业、委托放牧、雇工、关于奴隶的纠纷等，涉及面之广，规定之细，令后人赞叹不已。

专家指出，即便是从现代人的角度来看，《汉谟拉比法典》在很多地方依然是仁慈宽厚和有人情味的。比如在关于领养别人孩子的法律中讲到：“如果某人领养了一个婴儿，并将他养大，孩子的生身父母不得将其领回。”考虑当时的社会情况，一条关于离婚的法律也表现出了立法人极富有同情心：“如果一位贵族因为妻子未能生养而要休妻，应该先偿还她嫁夫时所付出的全部代价，并将她从娘家带来的所有嫁妆全部归还。”还有关于遗弃的法律：“如果丈夫远行，行前没有留下足够的养家费用，妻子可以入另一男子之门而不受谴责。”仅此一条，不但看出当时法律的人性化，而且也说明了这部法典被后人称道的原因。

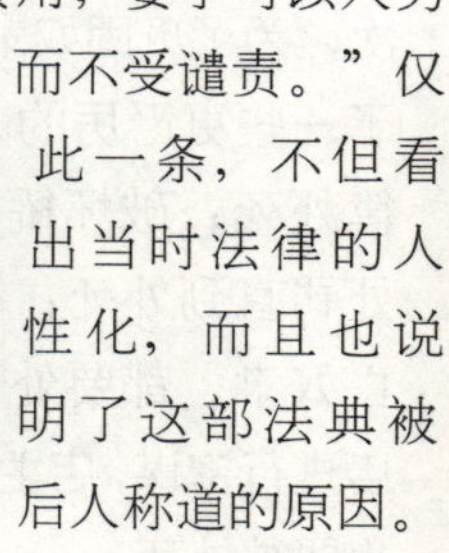

▲巴比伦国王汉谟拉比的全身塑像

《汉谟拉比法典》在当时来说是具有一定的积极意义的，不但保护弱者免受强者的欺侮，而且还规范了商业和土地所有权。可是，法毕竟是统治者意志的最高体现，古往今来，概莫能外。《汉谟拉

▼作为考古史上重要的文字资料，《汉谟拉比法典》为人们研究巴比伦的政治和制度提供了重要的素材

▲壁画中的繁荣景象

比法典》同样是为统治阶级服务的。其实，它就是奴隶主统治的护身符，是阶级压迫的工具。首先，该法典对奴隶主、自由民、奴隶有着不同的规定：如果奴隶主把一个自由民的眼睛弄瞎，只要拿出一定数量的银子就可了事。如果被弄瞎眼睛的是奴隶，就不用任何赔偿。奴隶如果不承认他的主人，只要主人拿出他是自己奴隶的证明，这个奴隶就要被割去双耳。甚至规定，奴隶打了自由民的嘴巴也要处以割耳。属于自由民的医生给奴隶主治病，也是胆战心惊的。因为，如果奴隶主在开刀的时候死了，医生就要被剁掉双手。其次，为了巩固奴隶主的统治，法典还规定了一些更严厉的条款：逃避兵役的人一律处死；破坏桥梁水利的人将受到严厉处罚直到处死；帮助奴隶逃跑或藏匿逃亡奴隶，都要处死；如果违法的人在酒店进行密谋，店主如果不把这些人捉起来，也要被处死。

古巴比伦的辉煌早已成了过眼云烟，传世之作《汉谟拉比法典》任由后人评说。无论如何，这部法典照亮了当时的美索不达米亚，也照亮了后世的法制之路。

◀宫廷记录员

古巴比伦的诡异风俗

古巴比伦有着悠久的文明史，它的很多发明和创造对后世都有深刻的影响，同时，它又是一个处处充满神秘的国度，而且神秘中又透露出一丝诡异的色彩。

▶伊丝塔尔是人们心目中最重要的神，她世世代代庇佑着美索不达米亚土地上的人民

在结婚方面便与众不同。女子在结婚前由其父亲保护监管，其父可以自由决定其婚姻；如果父亲不在，则由其兄长做主。如果一个女子因其父欠债而作为抵押品到债主家做工，其婚姻仍由其父或兄长决定；如果其父或兄长都不在，其婚姻就由债权人决定。

无论在哪个时期的人类社会中，家庭关系都是最基本的关系。古巴比伦的家庭关系中，夫妻的地位是极其不平等的，丈夫在家庭中占有绝对统治地位。丈夫如果对妻子不满意，只要把她的嫁妆还给她，并说："你走吧，我不要你这样的妻子！"就可以休妻了。但妻子不能对丈夫说"我不要你这样的丈夫"。丈夫不但可以休妻，还可以置妻子于死地。当然，法律也适当保护妇女的权益。例如，法律规定，妻子虽然不能申请与其丈夫脱离关系，但如果她能证明其丈夫毫无理由地虐待她或者有外遇，均可携其嫁妆及应有财产回娘家居住。而这项权利，英国女性直到19世纪末才获得。此外，如果丈夫应征入伍或经商在外超过一定年限而妻子生活无着落时，

▼巴比伦国王被人们奉为月神，不但掌管着月亮的圆缺盈亏，而且掌管着人们的生育

▲探究巴比伦灭亡的原因，考古学家们认为正是巴比伦的独特风俗引起的人口急剧膨胀而导致的

妻子可以与别的男人姘居，而丈夫不得以此作为理由休妻。

最让人惊异不已的便是古巴比伦这个国家的人们对于性的开放程度。在古巴比伦时期，婚前性行为较为普遍，男女之间同意就在一起，不同意随时可以分开。与有妇之夫同居的女性，身上要戴一橄榄枝作为标志，以表示她的身份是妾。不过，一旦结婚，性关系就不能随便了。《汉谟拉比法典》规定，有夫之妇与人通奸者，奸夫淫妇应行溺毙。

此外，巴比伦还有一个能体现人性化的方面，那便是生病就医。巴比伦人没有医生，然而当一个人生病的时候，这个病人便被带到市场上去；这样，曾经和病人得过同样病的，或是看过别人得过同样病的行人便来到病人面前，慰问他们和告诉他们治疗的办法，谁也不许一言不发地从病人身旁走过，而不去问他得的是怎样的病。这个风俗被希罗多德认为是最贤明的。

巴比伦人的葬礼方式也是非常特别的。他们的葬仪和埃及人的葬礼相似，但又有着自己的特点。如果有人死了，巴比伦人先是把死者浸在蜂蜜里，然后再埋葬。也许，这是在祈祷他们的亲人来世的生活像蜜一样甜吧。

当一个巴比伦人和他的妻子交媾以后，他们两个便焚香对坐，到天明的时候，他们便沐浴。在他们沐浴之前，他们是不用手接触任何器皿的。阿拉伯人的做法也和这一样。

巴比伦人还有一个丑恶的习惯——这也是最不能让现代人所接受的——每一个妇女在她的一生之中必须有一次到阿芙洛狄忒的神殿的圣域内和不相识的男子交媾。许多有钱的妇女，她们自视身份高贵而不屑于和其他妇女混在一起，便乘坐着双马拉的带围帘的马车到神殿去，她们身后还跟着一大群仆从。但是大多数的妇女是坐在神殿内，头上戴着帽子；这里总有大群来来往往的妇女。在妇女中间，四面八方

▼古巴比伦想象图

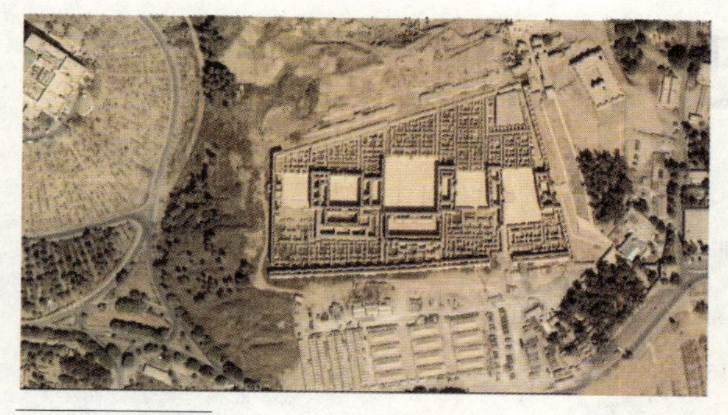

▲古巴比伦遗址

都有用绳子拦出来的通路，而不相识的男人们便沿着这些通路行走来做他们的选择。一经选好了位子，这个妇女在有陌生男子把一只银币抛向她的膝头并和她在神殿外面交媾之前，是不能离开自己的位子的。但是当男子抛钱的时候，他要说这样的话：“我以米利塔女神的名字来为你祝福。”银币的大小多少并无关系。妇女对这件事是不能拒绝的，否则便触犯了神的律条，因为一旦用这样的方式抛出去的钱币便是神圣的了。当她和他交媾完毕，也就是在女神面前完成了任务以后，她便可以回家去。从这个时候开始，不管再出多少钱，便再也不能找到她了。因此，那些颀长的美貌妇女很快便可以回去，但是那些丑陋的必须要等很长的时间才能够履行神圣的规定，有些人不得不在神殿的圣域内等上三四年。

根据考古挖掘出来的泥板中记载，在几千年前的美索不达米亚，就已经出现了妓女这个令人鄙夷的行当。著名的《吉尔伽美什》史诗中就曾描绘了吉尔伽美什的朋友恩齐都如何与妓女寻欢作乐的故事。不过，那时的人似乎并不觉得这是一种耻辱。这种特殊的道德观念可能与美索不达米亚的宗教观念有关。在美索不达米亚，女人是属于神和神庙的。因此，卖淫是常见的现象，为社会认可，甚至是神圣的活动。到古巴比伦时期，这种风气更盛，以至《汉谟拉比法典》专门提及。这种类型的妓女被称为“神妓”，或者叫“爱的女神”。

神妓给巴比伦各个神庙带来了滚滚财源，巴比伦一些金融机构因此发展起来。这种习俗在整个西亚都相当普遍，不只是巴比伦，以色列、腓尼基、叙利亚等地都有。在吕底亚和塞浦路斯，少女卖淫赚嫁妆，是当时公开的秘密。后来这一习俗传到欧洲，16 世纪的教会妓院据说就来自巴比伦的“神妓”习俗。

▶古巴比伦文明

“神之门”巴比伦城

神秘而古老的巴比伦文明，如同一颗璀璨的珍珠，吸引着世人广泛的注目。没有人会怀疑，古代美索不达米亚最蔚为壮观、最繁华昌盛的城市应该是巴比伦城。它是古人给今人留下的宝贵财富之一。

▲在亚述帝国的首都尼尼微城的遗址上，满眼尽是残垣断壁的荒凉

历史上，巴比伦城的最早记载出现于亚述首都尼尼微发掘出土的泥板图书里。在阿卡德语中，“巴比伦”意为“神之门”，汉谟拉比把它修建成了壮丽的都市。汉谟拉比死后，帝国开始衰退，直至崩溃。随后是加喜特人对巴比伦长达 400 年的统治，其间，巴比伦经历多次劫难。亚述王国兴起后，巴比伦人因不服从亚述的统治而多次与其开战。

于是，在公元前 689 年这一年，亚述王西那海里布攻入巴比伦城，他不但下令把城内居民统统杀掉，毁坏一切建筑，而且还引水入城，将巴比伦城变成一片汪洋。其实，在古代战争中，毁灭敌人的城市和神庙是西亚人最通常的做法。也正因为此，许多古城

▼考古学家绘制的“百门之都”巴比伦城的复原图

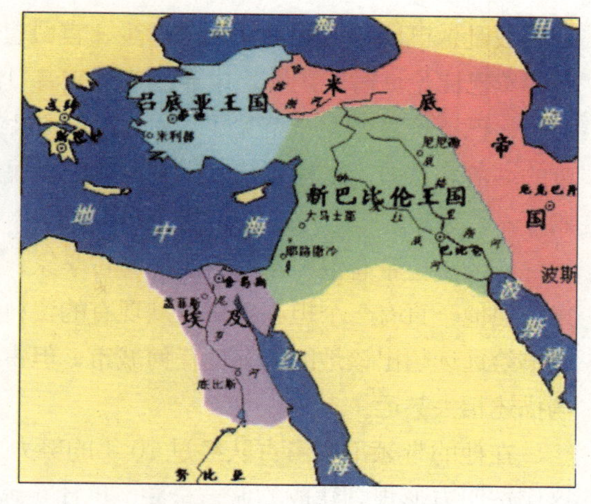

▶这是一张描述公元前600年左右的地图，图中可以清晰地看出新巴比伦王国的疆域

多次重建又多次变成废墟。为了把巴比伦从历史上彻底抹去，西那海里布让人装了几船巴比伦的泥土，遍地挥洒。这是一种象征性仪式，表示要让自己的敌人永远地失去土地，但是，顽强的巴比伦人民又站了起来，并且重建了自己的家园。在公元前7世纪后期，日益强大起来的迦勒底人占据了巴比伦，并联合其他民族灭掉了亚述王国，将其首都尼尼微同样变成废墟。迦勒底人建立了巴比伦王国，将巴比伦城作为自己的首都。为了和原来的巴比伦王国相区别，这个新建立起来的国家便被称为“新巴比伦王国”。

到了新巴比伦第二位国王尼布甲尼撒二世（前605—前562）执政时，这位非常有作为的国王在将巴比伦的势力扩张之后，逐渐将精力转移到扩建巴比伦城上。为了显示自己的威仪和荣耀，他要将巴比伦城建成一座最雄伟豪华的城市。在气势上，它要远远超过汉谟拉比时代的巴比伦城和亚述人的尼尼微，同时防御上要固若金汤，永不陷落，如同不落的太阳一般。巴比伦城由此进入历史上的第二次辉煌时期。然而仅仅几十年后（前539），巴比伦城就被波斯人占领了，并从此走上了末路。由于长

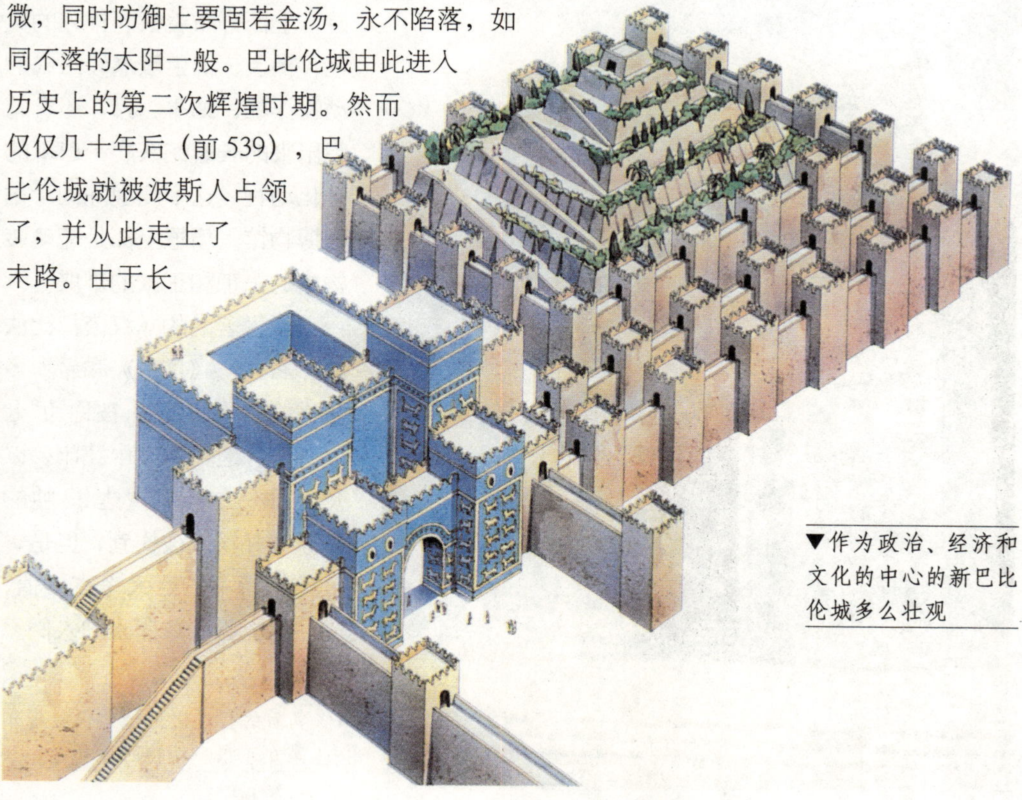

▼作为政治、经济和文化的中心的新巴比伦城多么壮观

期的战乱，巴比伦城的人口越来越少，宫殿也被废弃了。希腊人希罗多德在公元前 460 年游览巴比伦城时，荒凉之中还能感到它昔日的风采。到亚历山大大帝占领美索不达米亚时，巴比伦城已完全荒芜了。据记载，7 世纪时阿拉伯人统治美索不达米亚以前，倾废的城墙和宫殿尚依稀可辨，有些普通的居民还将宫殿当做住所，但后来巴比伦城址就剩下一片茅屋。

作为一位带有浪漫主义气质的考古学家，科尔德维不像一般的考古学家那么古板严肃。但他一直有一个担心：尽管从现有的资料来看，古代历史学家和旅游学家对巴比伦的描绘远远超出该地区的其他任何城市，但古人习惯于夸张描绘，发掘出的东西会不会与描述相去甚远。

在他的带领下，考古队经过 10 年的努力才完成发掘工作。通过发掘，几乎揭开了这座按四方形规划建成的城市全貌。巴比伦城周长 11 英里，幼发拉底河从城中穿过。它有三道城墙，其中最外的一层是外围长城，是为抵御米底人入侵而修建的。在这道长城的里面，是两道砖砌长城。这两道城墙略呈方形，高 23 米，厚 8.7 米，由日晒砖建成，并且每隔一定距离便用凸起的壁柱加固。外墙脚下是一条宽 20 ～ 80 米的护城河。巴比伦城共有 9 座城门，分别由门外通向城市的保护神命名，其中伊丝塔尔门最为壮观。伊丝塔尔门分前后两道门，每道门有 4 个望楼，望楼与望楼之间由拱形过道相衔接。在大门墙上装饰着蓝色的玻璃砖，上面分布着横向排列的黄色、褐色、黑色玻璃砖组成的动物浮雕，如牛、狮，还有幻想出来的长着蛇头鹿身兽爪的神化动物。这个门现陈列于柏林博物馆。墙垣上部是琉璃砖构成的饰带和正派的雉堞。

虽说著名的《汉谟拉比法典》石柱，《圣经》和希罗多德描绘过的通天塔，被称为“七大奇迹”之一的空中花园，以及大神马尔杜克重达 27 吨的雕像等并没有被找到，但是，巴比伦留下的巨大考古价值，依然吸引着无数探索的人们。

◀修复后的新巴比伦城的伊丝塔尔门上雕刻了很多动物的形象

巴比伦“空中花园”

公元2世纪，希腊学者在品评世界各地著名建筑和雕塑品时，把“空中花园”列为“世界七大奇观”之一。从此以后，“空中花园”更是闻名遐迩。无数的考古学家、学者纷纷前往巴比伦寻找这座“空中楼阁”的踪迹。

其实，关于这座美丽的花园还有一个动人的传说。相传在公元前6世纪，尼布甲尼撒二世娶了一个宠妃，名叫塞米拉米斯。这位美人生长于米底（今伊朗高原西部），那里山峦叠嶂，连绵起伏，与巴比伦尼亚的一马平川迥然不同。人总是怀念故土的，这位来自异国他乡的王妃每每想起故国的山川美景，总是不由得低头垂泪，娥眉紧锁。国王不忍心看着心爱的王妃郁郁寡欢，费尽周折终于猜透了她的心思。于是，国王下令仿照王妃故乡的模样，在巴比伦宫的西北角建了一座阶梯花园。这就是他们的爱情堡垒、流传至今的“空中花园”。尼布甲尼撒二世国王和他美丽的王妃塞米拉米斯虽然早已魂归极乐，然而，关于他们动人的爱情故事，却千古流传，成为美谈。

▲虽然已经不能看见称为“爱情城堡”的空中花园的原貌，但这些残垣断壁也能激发我们的无限遐想

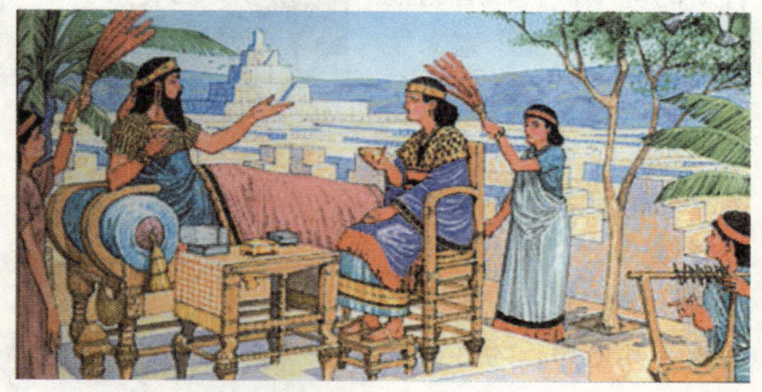

▲自古英雄爱美人，正是伟大的尼布甲尼撒国王为了讨宠妃的欢心，才有了奇妙的“空中花园”的诞生

这样的美景，这样动人的故事，自然而然会引起无数建筑大师和艺术巨匠们心神向往。于是，公元前3世纪的时候，希腊人安提巴特慕名而来，终于见到了心仪已久的“空中花园”。此时的花园虽然已经没有了昔日的“花容月貌”，早已花草凋零，蜂蝶散尽，只剩一副“骨架”悬在空中任凭风吹雨打，但是，安提巴特还是毫不犹豫地将其与埃及的胡夫金字塔、亚历山大城灯塔等相提并论，并称其为“世界

奇迹”。仅此一端，就足见“空中花园”昔日的风韵。

但是也有人对这个被称为“奇观”的建筑不以为然，他们认为这座花园实际上并非什么杰作，其长宽高都不过几十米而已，只是由于古代希腊没有特别高大宏伟的建筑，才使其鹤立鸡群，成为希腊人眼中的“奇观”。事实上，流传至今的有关“空中花园”的记载，确实也几乎都是出自古希腊、古罗马作家及历史学家之手。现代历史学家争论说：当亚历山大大帝的士兵们到达了富饶的美索不达米亚地区并看到了巴比伦时，深为眼前的美景所震撼，其中包括“空中花园”；他们后来回到单调枯燥、家乡时，也将对花园美景的回忆带了回来，并向故乡的人们大肆夸赞。此说也合乎逻辑，因为当古希腊人还没有迈进文明门槛的时候，两河流域的文明已经延续了大约 2 000 年。

此外，还有一个问题不容忽视，那就是在尼布甲尼撒二世国王去世 23 年后，波斯人便占领巴比伦城，而且，不久以后，他们改变了幼发拉底河的河道走向，河水从此远离巴比伦城。如此一来，“空中花园”即使确实存在过，也会因为缺水而变得面目全非。如果真是这样，百年之后的希腊作家怎么能见到“空中花园”的真正面貌呢?

还有一点颇为重要，那就是留下了“空中花园”有关记载的古人们，其写作态度的严谨性也让人心存疑虑。尼布甲尼撒的侍从医生台西亚斯以善于杜撰而著称，他的记载当然难以取信于人。在公元前 1 世纪中叶西西里岛历史学家狄奥多鲁斯的笔下，我们看到他描绘的是另外一个塞米拉米斯的“形象”：出生以后即被父母遗弃，幸而有一只鸽子每天用嘴叼食物喂养她。长大成人后，她嫁给了一位朝臣。一日，国王与其邂逅，为其美貌

▼巴比伦是一个奴隶制国家，而国王则是最大的奴隶主，他所拥有的奴隶和仆人也是最多的

▶巴比伦“空中花园”复原图。山水亭台，时时体现雄伟气势；草木花榭，处处展现优美景物，也就难怪阿拉伯人会称其为“悬挂的天堂”了

◀石刻雕像描述了新巴比伦第六任国王那波尼德进行祈祷的情景

所打动，夜不能寐，最后强夺为妻。她整日郁郁寡欢，穿的衣服分不清是男是女。最后国王把王权交给儿子，化为鸽子飞出宫殿，成仙而去……这样的记载，能以其为据吗？

更让人不解的是，建立了丰功伟绩、名扬四邻的尼布甲尼撒二世，流传下来的诏令与书写板无数，但世人无论如何从中也找不到有关“空中花园”的只言片语。于是，有人得出了惊人结论：“空中花园”是诗人和古代历史学家的想象力制造出来的一大世界奇观。

也有一些记载提到了“空中花园”，但是认为与尼布甲尼撒无关，而是一位叙利亚国王取悦他的一个爱妃的产物。

“空中花园”和巴比伦文明其他的著名建筑一样，早已湮没在滚滚黄沙之中，令人遗憾万分，后人要了解“空中花园”，只能通过后世的历史记载和近代的考古发掘。而它的真实面目依旧隐身于历史的迷雾之中。

◀巴比伦石狮屹立在巴比伦城旧址上，可是传说中的那座“空中花园”宛如海市蜃楼一般，已难以寻觅它的身影了

▶古代巴比伦的刻满楔形文字的泥板和泥封

通天的驿站——巴别塔

在5000多年前，人们能建起一座如此巍峨雄伟的通天塔，实在是人世间的一大奇迹。遗憾的是，巴别塔如今剩下的仅仅是一块长满了野草的方形大地基的残迹了。

5 000多年以前，世界上多数民族还处于茹毛饮血的蒙昧时代，在底格里斯河和幼发拉底河之间一隅——古希腊人称为美索不达米亚，意即两河之间的地方，竟然建立起一座气势磅礴、巍峨雄伟的通天塔，令人叹为观止。

在希伯来语中，“巴别”是“变乱”的意思，于是这座塔就称作“巴别塔”，也有人将“变乱”一词解释为“巴比伦”，称那座城为“巴比伦城”，称那座塔为“巴比伦塔”。而在巴比伦语中，“巴别”或“巴比伦”都是“神之门”的意思。同一词汇（“巴别”）在两种语言里竟会意思截然相反，着实令人费解，其实这是有缘由的。

公元前586年，新巴比伦国王尼布甲尼撒二世灭掉犹太王国，拆毁犹太人的圣城耶路撒冷，烧毁圣殿，将国王连同近万名臣民掳掠到巴比伦，只留下少数最穷的人。这就是历史上著名的“巴比伦之囚”。犹太人在巴比伦多半沦为奴隶，为尼布甲尼撒修建巴比伦城，直到70年后波斯大帝居鲁士到来才拯救了他们。亡国为奴的仇恨使得犹太人刻骨铭心，他们虽无力回天，但却凭借自己的思想表达自己的愤怒。于是，巴比伦人的“神之门”在犹太人眼里充满了罪恶，遭到了诅咒。他们诅咒道：“沙漠里的野兽和岛上的野兽将住在那里，猫头鹰要住在那里，它将永远无人居住，世世代代无人居住。”

事实上，“巴别”塔早在尼布甲尼撒及其父亲之前就已存在，古巴比伦王国的几位国王都曾进行过整修工作。但外来征服者不断地将之摧毁。迦勒底人的领袖那波帕拉沙尔建立了新巴比伦王国后，也开始重建“巴别”通天塔，他在铭文中写道：“巴比伦塔年久失修，因此马尔杜克命我重建。他要我把塔基牢固地建在地界的胸膛上，而尖顶要直插云霄。”但那那波帕拉沙尔只将塔建到15米高，尼布甲尼撒自己则“加高塔身，与天齐肩”。塔身的绝大部分和塔顶的马尔杜

◀尼布甲尼撒二世曾经降服雄狮，是古代一位非常有作为的巴比伦国王

▼后人根据《圣经》中的描述仿造的“巴别”通天塔，与当时的巴别塔在规模上是不能同日而语的

▲虽说这座塔可能并没有什么实际用途，但关于塔的美好传说却被后世所传诵

克神庙是尼布甲尼撒主持修建的。备受人称赞的“巴别塔”一般指的就是那波帕拉沙尔和尼布甲尼撒父子修建而成的这一座。

据说这座塔的规模原来是十分宏伟的。于是，公元前460年（即塔建成150年后），便有了古希腊历史学家希罗多德游览巴比伦城时，对这座已经受损的塔仍是青睐有加的典故。根据他的记载，通天塔建在许多层巨大的高台上，这些高台共有8层，愈高愈小，最上面的高台上建有马尔杜克神庙。墙的外沿建有螺旋形的阶梯，可以绕塔而上，直达塔顶；塔梯的中腰设有座位，可供歇息。塔基每边长大约90米，塔高约90米。据19世纪末期的考古学家科尔德维实际的测量和推算，塔基边长约96米，塔和庙的总高度也是约96米，两者相差无几。“巴别”塔是当时巴比伦国内最高的建筑，在国内的任何地方都能看到它，人们称它“通天塔”。也有人称它是天上诸神前往凡间住所途中的歇脚处，是天路的“驿站”或“旅店”。

考古学家和历史学家认为，巴别塔除了奉祀圣灵还有另外两个用途：其一是尼布甲尼撒二世借神的形象显示个人的荣耀和威严，以求永垂不朽；其二是讨好僧侣集团，换取他们的支持以便稳固江山。美索不达米亚是一个宗教盛行的地方，神庙林立，僧侣众多。僧侣不仅在意识形态上影响着人民，而且掌握着大量土地和财富，如果不在政治上得到他们的支持，恐怕王位也会风雨飘摇。国王的这种忧虑不是多余的，据历史学家研究，尼布甲尼撒之后，新巴比伦王国迅速衰落，以致波斯人不费一兵一卒就占领了巴比伦城，这与失去僧侣集团的支持有很大关系。

公元前1世纪的希腊历史学家认为，“巴别”塔是一个天象观测台。新巴比伦人信仰拜星教，星体就是神，在他们的神话中，马尔杜克是木星。也有人认为，“巴别”塔是多功能的。塔的底层是祭祀用的神庙，塔顶则是用于军事瞭望的哨所。

不论怎样，在5 000多年以前，当世界上大多数民族还处于茹毛饮血的蒙昧时代时，在古希腊人称为“美索不达米亚”的地方，这座气势磅礴、巍峨雄伟的通天塔已经拔地

▲巴比伦这个神秘的国度，让人们对这座通天塔充满了神往之情

而起了，不能不令人叹为观止。

在很多人看来，昔日这座“巴别”通天塔，比之“空中花园”并不逊色，它被视作 5 000 年前美索不达米亚鼎盛时代的标志。但是，对于“巴别”塔的具体位置还有其他说法，人们认为它的建造地点另有所在。那便是在巴比伦城西南一个叫波西帕的地方，考古学家们发现了一座古塔庙的残骸。远古时代的美索不达米亚平原上，神庙林立，发现一座并不为奇。但问题是，有人在此庙附近发现了一些文字残片，而且根据其中的记载，巴比伦的一个国王曾下令在这里建造塔庙，不知何故，没等竣工，国王突然下令停工，于是就留下了一个半截的塔庙。考古学家们又联想到神话中的“巴别”塔也是没有建完，于是推测波西帕塔庙很可能就是神话中的“巴别”塔的原型。

随着巴比伦的覆灭，美索不达米亚的伟大文明很快就毁灭了。

▼虽说楔形文字泥雕上记录了一些事情，但还不足以解释人们的一切困惑

第八章

充斥血腥与征服的亚述文明

虽然，在今天的遗迹中，人们已经很难再找到关于它的事物，但是，那个曾经无比强大的帝国，那些金戈铁马、挥戈向前的亚述铁骑，那些在历史上留下英明业绩的历代国王以及这个强大帝国的神秘消亡，都可以从两个词中找到答案：血腥和征服。

亚述王朝的兴衰

在美索不达米亚的历史中，有一个靠武力征服、血腥统治强大起来的帝国，这就是亚述帝国。公元前8世纪末，亚述逐步强大，先后征服了小亚细亚东部、叙利亚、腓尼基、巴勒斯坦、巴比伦尼亚和埃及等地。亚述帝国建都于尼尼微（今伊拉克摩苏尔附近）。亚述人在两河流域历史上活动时间前后约有1 000余年。

古亚述指底格里斯河和幼发拉底河流域北部地区，东北靠扎格罗斯山，东南以小扎布河为界，西临叙利亚草原。整个亚述以亚述城为中心。亚述最早的居民是胡里特人，后来塞姆人迁徙而至。两个民族逐渐融合，成为亚述人。

由于亚述地理上被异族包围，经常受到敌对民族威胁，加上国土和资源又非常有限，使得亚述人养成了好战的性格。他们对土地贪得无厌，认为只有不断地征服，才能保住自己的利益。

他们的后代是今日叙利亚人的始祖。亚述帝国兴起时，古埃及已经开始衰败，而两河流域以及小亚细亚诸强国或者灭亡或者分裂。与此同时，亚述人从赫梯人那里引进了炼铁技术，从而大大增强了战斗力，建立了一支当时世界上兵种最齐全（包括战车兵、骑兵、重装步兵、轻装步兵、攻城兵、工兵等）、装备最精良（如当时最强大的攻城武器“投石机”和“攻城锤”）的军队。

公元前745—前727年，著名的亚述国王提革拉·毗列色在位时，建立了强大的亚述军队。随后，他率领军队击败了其劲敌乌拉尔图，并征服了整个叙利亚地区，同时兼并了巴比伦。

▼亚述国王亲自到工地监督建造尼尼微城

◀亚述王国伟大的国王巴尼拔为亚述的发展作出了卓越的贡献

▶亚述王国是一个好战的民族，在激烈的战争中，他们往往成为最后的赢家

公元前722年，一位带领亚述走向辉煌的国王——萨尔贡二世登基了。他原为下级军官，后因战功累累得到提升。在他统治时期，亚述打败了以色列、埃及，并镇压了埃及支持的叙利亚人和腓尼基人的起义，这时亚述帝国进入了鼎盛时期。

在萨尔贡二世之后，他的子孙继续扩张亚述的领土。在公元前704年，萨尔贡二世的长子辛那赫里布即位了。他对亚述帝国的发展作出了不朽的贡献。据史料记载，他攻克了89座城镇、820个乡村，俘获了7 000余匹马、11万头驴、8万头牛、80万只羊以及21万名俘虏。

◀一块象牙上雕刻了狮子在撕咬一个小男孩的场面，小男孩代表的是广大的人民，而狮子代表的是不可侵犯的王权

◀萨尔贡官殿内的萨尔贡二世雕像，此雕像雕刻得栩栩如生，刻画了英雄一般的萨尔贡二世的高大形象

既辛那赫里布之后，阿萨尔哈东（公元前680—前669年在位）成为国王。他在位期间，亚述帝国达到其实力的顶峰。公元前671年，阿萨尔哈东远征埃及，攻克孟菲斯城。

阿萨尔哈东之后继位的就是赫赫有名的巴尼拔。他兴建了巨大豪华的巴尼拔王宫，但他对世界文明史的真正贡献在于宫中设置的泥板图书馆。该图书馆收集了当时亚述人所知的全世界各地的书籍，藏有无数楔形文字的泥板，内容包括语言、历史、文学、宗教、医学及天文等各方面的知识，是研究当时历史宝贵的资料。

公元前612年，新崛起的邻国新巴比伦王国联合伊朗高原的米底人攻陷了亚述首都尼尼微，公元前605年，巴比伦国王尼布甲尼撒清扫了亚述的残部，自此曾在历史上称霸一时的亚述帝国彻底灭亡。

▼经历了短暂的辉煌后，在内、外夹击之下，亚述帝国最终化为历史的尘埃，只剩一片废墟

▼阿萨尔哈东的雕像那深邃的眼神，凸显出他作为一代枭雄的果敢和坚毅

帝国的征服之旅

亚述是一个依靠军事起家的民族，那么，它的发展必然是和军事紧密联系在一起的。从亚述国家的整个历史来看，亚述人也确实是这样做的，当他们由弱转强以后，依靠着自己强大的武力，实现了他们的帝国之梦。

▼提格拉特帕拉沙尔一世征战的场面，正是有了这位君主，亚述王国出现了短暂的复兴

公元前 14 世纪，强大的米坦尼到了国王图什腊塔时期，由于内部纷争，王国开始衰弱。而此时，赫梯在国王苏皮鲁流马斯一世的领导下，形成了一个帝国。亚述在乌巴利特一世的带领下开始崛起。不久，米坦尼被亚述所灭，并建立起强大的亚述帝国，史称古亚述帝国。此后亚述统治者采用“亚述王”的称号，并继续向外扩张，击败喀西特巴比伦，并将米坦尼的领土降为行省。在很长一段时期内，赫梯和亚述的势力在近东地区此消彼长。

经过短暂的衰败，至提格拉特帕拉沙尔一世（约公元前 1115—约前 1077 在位）时亚述国势复兴。公元前 11 世纪末，在阿拉美亚人迁徙浪潮打击下，亚述再度衰落。

到了公元前 9 世纪—前 8 世纪时，亚述人终于迎来了扩张的大好时机。在国际上，它四周已经没有强敌。强大的埃及帝国已成明日黄花，小亚细亚的赫梯已为“海上民族”

▼在好战的亚述帝国，伊丝塔尔是他们的战神，在他们的心目中，只要有伟大的战神在背后支持他们，他们就是战无不胜的

▲在这块方尖碑雕刻中，记录了亚述王国进行对外征战的情形

所摧垮，南部的巴比伦尼亚已经四分五裂，东方的米底和波斯尚未兴起。而在亚述国内，铁器从赫梯引进后不仅给亚述的经济生产带来了革命性的变化，更重要的是给尚武的亚述人提供了更锐利的武器，增强了战争的威力。从公元前8世纪开始，亚述进入了真正的帝国时期。

于是，从亚述那西尔帕二世统治时期（前883—前859）起，亚述开始了它的对外征服事业。他的后继者沙尔马那塞尔三世更是东征西讨，北起亚美尼亚，南尽波斯湾头，东自扎格罗斯山，西迄地中海沿岸，都成为其兵锋所及之地。在他统治的35年中，远征了22次。此后亚述在民族斗争和内部斗争的打击下处于瘫痪状态。但是，提格沙特帕拉沙尔三世统治时，亚述再度强盛起来。提格沙特帕拉沙尔三世曾在卡拉赫当过总督，在公元前746—前745年的一场反对国王的动乱中夺取王位。

公元前745年，提格拉特帕拉沙尔三世首先向阿拉美亚人发起进攻，在征服几个阿拉美亚人部落后，沿底格里斯河南进，征服了尼普尔一带，并将新征服的地方划为一省区，公元前744年，他发动了对东方和东南方的远征。在占领米底人的一些地区后，他挥师南下，直抵埃兰北部，建立新的省区，并派遣军队镇守。

提格拉特帕拉沙尔三世对外的军事胜利，使亚述的国力由弱到强。与此同时，他进行了行政、军事等方面的改革。在行政方面，将原来总督掌管的大区划分为小区，并改为由省区长官负责管理。到公元前738年，这样的省区在帝国境内达到80个。省区长官负责收取税费，贮存军需品，组织劳役、募集兵源等。同时，他又另任官员治理政务，为加强对地方的控制建立了驿站以传递消息。在军事方面，他实行了募兵制，组成了国家供养的常备军，并把常备军分成许多专门训练的兵种：战车兵、骑兵、重装步兵、轻装步兵、攻城兵、辎重兵、工兵等。此外，在军事技术、军事战术方面，他也进行了新的改进。经过改革，

▶提格拉特帕拉沙尔三世征服埃及，毁灭埃兰，建立起一个地跨亚、非两大洲的奴隶制大帝国

提格拉特帕拉沙尔三世建立起一支人数众多、兵种齐备、战斗力强的军队。

▼萨尔贡二世宫殿内造型奇特的守护神兽，被当时的亚述人称之为“舍都”

从公元前 742 年开始，提格拉特帕拉沙尔三世先后发动了对叙利亚、乌拉尔图、巴比伦的侵略战争，公元前 732 年攻克了大马士革，军力直抵地中海沿岸，迫使推罗、毕布罗斯等城向亚述称臣纳贡。公元前 729 年兼并了巴比伦，自称巴比伦之王。

亚述帝国萨尔贡二世统治时继续向外侵略，在他执政的头一年，攻陷了撒马利亚，灭亡以色列。第二年打败了大马士革、撒马利亚等城的起义联军。公元前 714 年，萨尔贡二世大举进攻乌拉尔图，攻占乌拉尔图的圣城穆萨西尔。至此亚述帝国已经占领了叙利亚、巴勒斯坦（除犹太外）、扎格罗斯山区大部分，米底也在亚述的控制之下。

辛那赫里布继承了其父萨尔贡二世的对外侵略政策，在他统治的二十几年中对外进行八次远征。其子阿萨尔哈东于公元前 671 年攻占了埃及首都孟菲斯，自称上下埃及和努比亚之王。到巴尼拔时对外侵略达到了顶点。经一个世纪左右的对外侵略，亚述帝国的版图扩大到前所未有的程度：北起乌拉尔图，南临波斯湾，西至地中海沿岸和埃及，东超伊朗，成为一个名副其实的大帝国。

▼壁画中刻画了一位能将凶猛的狮子驯服的国王乌拉尔图的形象，暗示了他的伟大

▼虽说新亚述帝国是一个穷兵黩武的国家，但是这也造就了一个横跨亚、欧、非三大洲的大帝国

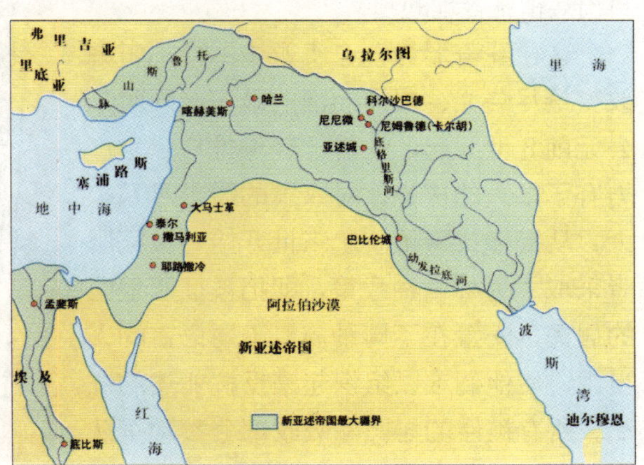

“帝国大厦”的倾覆

人们常常困惑：为什么庞大的亚述帝国如此不堪一击，倾覆如此突然，又如此具有戏剧性？关于亚述衰落的原因，史学家提出了种种解释。据说，在亚述最后一代国王亚述巴尼拔统治时，就已经显示了凶兆。亚述巴尼拔得了一种怪病，求生不得，求死不能。他每天向神祈祷：“神啊，求你怜悯我这个罪人，使我重见天日！”在他死后14年，亚述被灭。有人说，亚述巴尼拔的死，预示着亚述帝国的崩溃。

亚述帝国之所以如此强大，靠的就是战无不胜的军事力量。从表面上看，这样的帝国似乎很强大，但实际上充满了民族斗争和阶级斗争。亚述的侵略战争史，就是被征服地区人们的血泪史，它给这些地区的人们带来了深重的灾难。作为古代世界出色的武士民族，亚述人好战的习性和侵略的野心，可能同其国土资源有限，经常受到周边敌对民族的威胁有关。他们对土地贪得无厌，征服越多，就越感到需要征服，只有这样，他们才能保住获得的一切。每一次成功地征服都激起更大的征服欲望，这一切使亚述人的国家完全变成了一个庞大的军事机器。亚述人拥有当时世界上最先进的铁制兵器。亚述人的血腥征服，实际上是在各地遍撒仇恨的种子。这激起了被征服地区人民的强烈反抗，使得亚述不得不一再出兵镇压各地的起义。

▲亚述人的文化成就离不开巴尼拔的贡献，他建立了世界上最早的图书馆

这种斗争形势，迫使亚述不得不考虑改变抢尽烧光、竭泽而渔的政策。同时从公元前8世纪起，铁器已普遍推广，生产力有了很大的提高，对奴隶的需求日益扩大。从提格拉特帕沙尔三世开始对被征服者采取了另外一种政策，即把被征服地区的居民，安置在不同种族、不同语言的人当中，使他们难以组织起来反抗亚述的统治。所有被俘的居民除吸收部分参加军队

▼乌拉尔图人的冶炼技术已经非常发达，他们能制造和使用各种铁制兵器作战

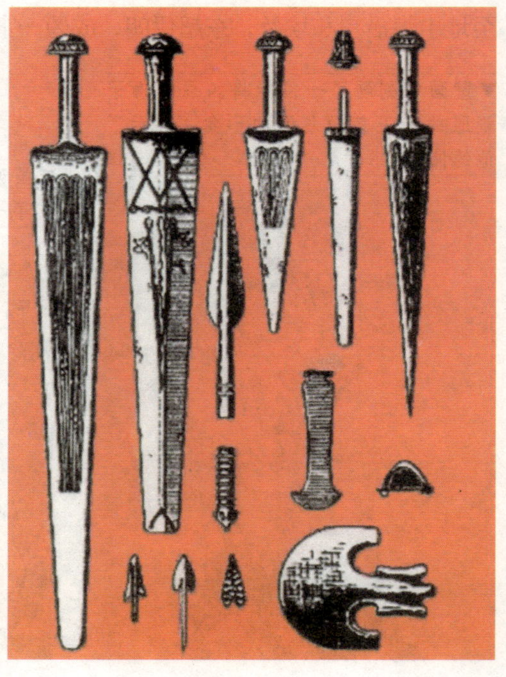

▲浮雕中描述了亚述王巴尼拔在王宫的花园中和王后享乐的情景

和另外处理外，都被看做奴隶。

但是，由于亚述帝国先期的血腥政策使亚述人成为古代所有民族中最令人痛恨的民族，叙利亚、腓尼基、巴比伦、埃及等地虽然被征服数次，但仅是慑服于其势力，并没有真正降服。因此，一旦军事失利，这样的帝国就会陷入危机之中。

另外，随着奴隶制经济的发展，商人僧侣集团要求扩大工商业利益和城市自治，而军事贵族则热衷于对外征服和掠夺，因此，两大集团之间有时发生激烈的冲突。奴隶主阶级的内部斗争，削弱了帝国的力量。

在内外矛盾的冲击之下，盛极一时的亚述开始衰弱。巴尼拔统治后期，帝国已是强弩之末了。巴尼拔死后，亚述急剧衰落。公元前612年，巴比伦（迦勒底人）联合米底，攻陷尼尼微（帝国后期的首都），敌人也采取了以牙还牙的恐怖报复手段，尼尼微被夷为平地。公元前605年攻陷亚述西部重镇卡赫美什，亚述帝国灭亡。亚述国土全被吞并，民众悉被消灭或奴役，以致后来亚述对历史的影响竟然难寻踪迹。

综上所述，亚述衰落有着深刻的历史原因。首先，亚述是靠武力和军事建立起来的庞大帝国，很多边远地区都鞭长莫及，无法行使其有效的统治；其次，亚述人的残暴统治也激起了被征服民族的反抗；最后，王室内部的钩心斗角、争权夺利也直接导致了帝国衰亡。种种原因造成了亚述帝国灭亡的必然，穷兵黩武的悲剧令人感叹。

▼亚述王宫的遗址上已经长满了野草，人们只能在记忆中去追寻当年那宏伟壮观的景象了

血腥的狮穴

在《圣经》中记载着这样一段话："耶和华必伸手攻击北方，毁灭亚述，使尼尼微荒芜，干旱如旷野。"虽然巴比伦仅残留下一个土丘，但它的地点无人不知。那么尼尼微这座亚述的故都，在美索不达米亚的什么地方才能寻找到呢？

《圣经》中记载，尼尼微的花园众多，有的种植奇花异草、名贵树木，供国王游乐散心之用，有的不仅种植花草树木，还养着许多猛兽，这就是王家猎场，这些动物都是供国王与臣子狩猎时用的。在亚述宫廷浮雕中，有许多国王狩猎的场面，描绘国王猎杀万兽之王——雄狮的惊险紧张情形。浮雕中的国王英姿勃勃，或跃马挺枪，或弯弓射箭，被猎取的雄狮则凶猛异常。猎场周围有强壮的士兵守卫，以防猎物逃跑。旁边有树木葱绿的山丘，供百官臣僚观看围猎的情况。围猎活动结束后，国王要将所猎的雄狮献给诸神以示酬谢。有许多尼尼微宫廷浮雕描绘了亚述军队历次征战过程中的残暴恐怖的场面。旁边还有铭文，详细叙述亚述军队烧毁城市、抢劫财产、杀死平民的血腥暴行。

▲在尼尼微城的复原图中可以看到高大雄伟的神庙和繁华街市

亚述帝国拥有强大的军队，他们四处征伐扩张领土来满足自己的征服欲望，而且，这种征服中充满了杀戮。据记载，在公元前743年，亚述军队攻陷了叙利亚首都大马士革。由于城中军民拼死抵抗，城破之后被亚述士兵斩下的头颅，竟然堆成一座小山。他们对战俘和敌方的平民施以不可言状的酷刑——剥皮，钉火刑柱，割去身体的某个部分，插尖桩等。有位亚述国王的铭文中说："我用敌人的尸体堆满了山谷，直达顶

◀从尼尼微遗址中残留的高大的城门，可以想象出当年王宫的宏伟壮观

▲随着亚述王国的强大，亚述国王辛那赫里布在尼尼微建立庞大宫殿以显示自己的威严

▲辛那赫里布国王和大臣们在尼尼微王宫里商议政事的情景

峰；我砍掉他们的首级，我用他们的人头装饰城墙，我把他们的房屋付之一炬，我在城门前建筑了一座墙，包上一层由反叛首领身上剥下来的皮，我把一些人活着砌在墙里，另一些人沿墙活着插进尖木桩，并加以斩首。”令人震惊的是，这些骇人听闻的故事不是来自他人的记载，而是来自亚述人自己的炫耀。残忍在亚述人那里可能是一种近似勇敢的优秀品质。公元前8世纪，亚述王辛那赫里布将都城由萨尔贡城迁到底格里斯河左岸的尼尼微。在犹太人的经典中，尼尼微被称为“血腥的狮穴”。

公元前2500年左右，尼尼微的建设已经初具规模，并成了美索不达米亚地区的文化中心之一。在成为亚述的首都之后，尼尼微开始了自己的鼎盛时期。辛那赫里布对战争不感兴趣，他把大部分时间和精力都用在尼尼微的建设方面。他兴建了一座巨大的“盖世无双王宫”。这座王宫包括两座亚述风格的大殿、一幢椭圆形建筑物以及一个植物园和一座凉亭。王宫里的浮雕长达3 000米。这件古代艺术珍品现在收藏在大英博物馆里。辛那赫里布还在他的“盖世无双王宫”的西北，为他的后妃们建了一座后宫，为皇太子建了一座东宫。他还加宽了尼尼微的马路，增加了城市公园，修建了供水网，并且从郊外60千米处的山上引水入城，以保证尼尼微城里的供水。

辛那赫里布的继承者阿萨尔哈东王在位时，仍继续扩建尼尼微，从而使它成为一座像《圣经·约拿书》中所描绘的有12万多居民的大都城。

在阿萨尔哈东之后，亚述人迎来了又一位伟大的国王，他就是

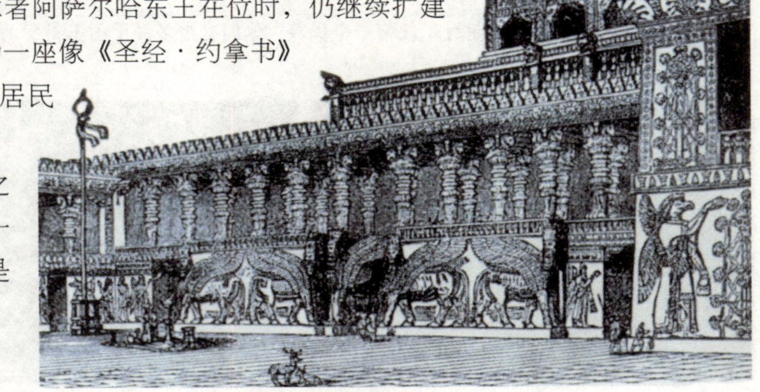

▶萨尔贡宫殿复原图

大名鼎鼎的亚述王巴尼拔。亚述王巴尼拔除了大量收藏亚述人的图书——泥板文书外，还兴建了巨大豪华的亚述巴尼拔王宫。在亚述巴尼拔王的藏书室里，堆满了刻有亚述楔形文字的大大小小的泥板。最大的一块楔形文字泥板长达 3 米，宽 2 米多；最小的一块还不到 1 寸长，只刻着一两行文字。

在 1852—1854 年期间，伊拉克考古学家拉萨姆在库容吉克山岗下发现了另一处王宫藏书室，找到了许多新的楔形文字泥板，而且还发现了亚述巴尼拔王的王宫。

▲亚述巴尼拔图书馆中保存的楔形文字泥板，这些对于研究亚述文化有着重要的作用

他在亚述巴尼拔王宫废墟的墙上，发现了著名的浮雕《皇家狩猎图》。并且在新发现的泥板文书上，刻有许多亚述和古巴比伦的神话，其中就有著名的神话史诗《吉尔伽美什》，诗中关于美索不达米亚地区大洪水的描述，跟《圣经》中诺亚方舟的故事几乎完全一样，而且，用的是第一人称，表明这是一位目睹洪水的幸存者的记叙。

▲现存世界上最早的史诗《吉尔伽美什》，用楔形文字书写，存于亚述巴尼拔图书馆

还有一块描绘当时亚述的奴隶劳动情景的浮雕，这些奴隶多半是亚述人俘获的战俘，他们戴着手链脚镣，有的被铁索相互系在一起，旁边有手执武器的亚述士兵在监督。这些浮雕现在都收藏在大英博物馆。后来，许多英国考古学家相继来到这里对尼尼微进行发掘，一共找到了 24 000 多块泥板文书。这些珍贵的泥板文书现在也都收藏在大英博物馆。

▼亚述王国对于狮子的喜爱超过了任何一个民族，他们有很多关于国王猎狮的浮雕，凸显这个民族好战的本性

被诅咒的王后墓

在美索不达米亚地区有很多宝贵的遗产，这里所说的一处也许不如其他著名，但是，它的神秘却不亚于其他的遗产，它就是被人称为“王后的毒咒”的亚述提格拉·帕拉萨三世之妻亚巴雅里苏王后的坟墓。

1989 年 4 月，在尼姆鲁德，工人们正在发掘尘封已久的宫殿。虽然前人已经在此挖掘过，并且有过惊人的发现，然而伊拉克考古学家穆扎欣·默罕莫德·侯赛因依然相信这里还有未为人知的秘密。

工人们在挖掘期间发现了一截陶瓷管道，竟然是古老的通气孔。这个发现足以说明他们所清理的地面并不是他们以前所认为的宫殿地板，而是一个屋顶。工人们继续下挖，发现了一个墓穴。进入墓穴的主室须经过一间前室和两扇石门，石门的折页也是石头做的。主室内停放着一具石棺，上面覆盖着三张石板。石棺盖着盖，显然是从封顶那天起，就再也没有被打开过。

这间古老的石墓位于底格里斯河岸边，是为亚述一位王后亚巴雅修建的，迄今为止已有 2 700 年的历史。在墓室中的一块大理石板上，刻有一行楔形文字：“如果有人胆敢动我的坟墓，那他将永远遭受失眠鬼的折磨。”这是王后用来警告来人的一句毒咒。然而，在注意到这句话之前，穆扎欣·默罕莫德·侯赛因就已经进入了她的墓室。没有记录显示过这位考古学家曾经有过失眠的迹象。即使他确实失眠过，也是因为其发现而过于兴奋。

穆扎欣用一根铁棍将棺盖撬开，发现在尘土中有些东西闪闪发光。他描述当时的场景时如是说：“我举起灯来，金子的反光不断刺激我的眼睛。”那就是金子，大量的金子。它们被做成珠宝首饰，其工艺之精湛令现代人也惊叹不已。棺材中有两具干枯的女尸骨骸，其中一具较小，可能是个小孩。尸骨内外，大量的黄金珠宝在灯光下熠熠生辉。珠宝旁边有大批细小的重瓣金玫瑰，可能是哀悼者在盖棺之前撒在尸体上的，也或者是她们衣服上的装饰品。她们穿着的衣服被时间所剥夺，但这些金玫瑰还在，证明她们确实美丽过。这些小件的黄金饰品使穆扎欣和他的同事们眼花缭乱，大约有 80 个制作精美的饰物，总共重十余千克，其中，有更加古老的圆筒印章。在公元前 8 世纪的时候，人们在这种印章上镶嵌黄金，当作首饰佩戴。在近旁的一个灰色石瓶中，发现了一些烧焦的骨头，其来源难以确定。

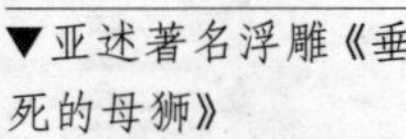

▼亚述著名浮雕《垂死的母狮》

4 个月后，考古学家们发

▲亚述王纳西尔帕二世皇宫内的浮雕作品

现了另外一座坟墓，其中的宝藏更为丰富，他们估计这是亚述纳西尔帕二世之妻穆里苏王后的坟墓。然而，令考古学家遗憾的是大石棺里什么都没有发现，这些学者们断定王后的尸骸一定已经被转移到其他地方了。埋葬室中有3具铜棺，其中盛放着不明身份的尸骸。室内堆满了手工制品，形式与前一个坟墓中发现的大体类似。这些黄金饰品共有440件，总重量二十多千克。其中有一顶奇异的王冠，形若葡萄树，上面饰有葡萄藤和天青石色的葡萄以及带翅的裸体女神。另外还有一只花瓶，瓶壁上绘有战争和狩猎的场景，栩栩如生。

此时的伊拉克正在为两伊战争而困扰，不急于对这次新发现做大肆的宣传，也不愿在众多的外国记者和考古学家面前充当主人的角色。然而消息依然不胫而走，大英博物馆的约翰·科蒂斯看到了这次出土的宝藏，激动地称之为“自图坦卡蒙国王（古埃及）之墓以来意义最大的考古发现”， 行内的许多专家也和他一样兴奋。这次发现之所以不同凡响，还在于它所在的地点正是一代代考古学家带着热切的心情无数次挖掘过的地方。之后，学者们发现了亚述人在后宫地板下开挖的地下室，这是作为丧葬的地点，这种做法在美索不达米亚传统中由来已久。根据这种传统，学者们把该墓室的发现作为通往迷宫的钥匙。整体墓穴建筑的上方就是亚述君主的妃嫔居住的地方。

正如约翰·科蒂斯所言，此次发现对于考古学界来说，具有重大的价值。比如，在公元前612—前605年间，亚述帝国衰落，其城市遭到洗劫，珍贵的黄金所剩无几。而今突然间出现了一个丰富的宝藏，这为考古学家的研究提供了丰富的资料。另外，所有这些精美的物品使人们对公元前第一个千年中的亚述国王有了进一步的了解。

现代学者一直把亚述君主看做是残忍而成功的斗士和帝国主义者，还有人说他们是早期的恐怖分子。但是，这些精美物品的发现表明亚述君主不仅如人所料地拥有无穷的财富，而且其独到的审美能力和高超的艺术鉴赏力也为世人所惊叹。

▼美轮美奂的图坦卡蒙的黄金棺

黄金之城哈马丹

环顾全世界，你发现有哪一个城市是使用珍贵的黄金建成的吗？答案当然是没有。可是，在伊朗人的记载中，却有一座用黄金建造的城市，这就是伊朗人最初的城市——哈马丹。那么这样豪华的城市到底是什么样子？为什么富庶的亚述人要修建这么一座城市，难道仅仅是炫耀他们的富有，还是另有其他的含义？要解开这些疑问，还得从古代学者的研究文献说起。

▲米底王朝虽然短命，但是他们制作的黄金器具确实相当精美

根据“历史之父”希罗多德的记载，这座哈马丹城的建立者应该是米底王国的创立者戴奥凯斯。关于戴奥凯斯这个人是否真实存在，过去人们一直抱有怀疑的态度。即使后来人们在亚述文献中也发现了这个名字，学术界仍然有人坚持说此戴奥凯斯非彼戴奥凯斯，亚述文献中记述的与希罗多德所说的并不是同一个人。不过，多数学者倾向于认为这两个人实际就是同一个人，即米底国家的创立者戴奥凯斯。

据说，这个戴奥凯斯原本是部落首领的儿子，自幼就十分聪明，长大后，他为了取得僭主地位，就努力在本部落中主持正义，后被选为仲裁者。后来，他的美名逐渐传遍四方，所有的米底人都同意选举他为国王，给他修筑了一座与国王身份相配的宫殿，建立了一支禁卫军。随后，他又强迫米底人给他建造了一座城市作为自己的新都，它就是哈马丹，希腊人也称为厄格巴丹。哈马丹的建立，是米底帝国的开始，戴奥凯斯自然也就被认为是这个帝国的创立者。

哈马丹城墙厚重高大，是一圈套着一圈地建造起来的。每一圈里面的城墙都比外面一圈要高。由于城市建筑在平原上，这种结构对防御外敌进攻大有帮助。据给希罗多德介绍情况的伊朗人说，哈马丹的城墙共有七圈，最外面一圈城墙为白色，长度与雅典城墙大致相等，第二圈是黑色的，第三圈是紫色的，第四圈是蓝色的，第五圈是橙色的，第六圈是白银包着的，第七圈是黄金包着的。而戴奥凯斯的王宫，就在镶着黄金的城墙之内。

▼米底战士浮雕

世界上怎么会有这样奢侈的城市呢，竟然用珍贵的黄金来装饰城墙？因此，希罗多德关于哈马丹有七圈城墙的说法，听起来就像个神话传说一样，特别是说最后两道城墙包上了白银和黄金，就更像是天方夜谭，让人难以置信。

不过，既然是在文学作品中出现的这

样的描述，必然存在着夸张的成分，而且，那个时代的西方人大都喜欢把东方描绘成人间乐园，好像那里黄金遍地，财富无穷。希罗多德就曾经这样告诉过希腊人："谁要是占有苏撒的财富，就可以和宙斯斗富。"而当时的苏撒城，绝对算不上西亚最富裕的城市。

根据同时代巴比伦人留下的楔形文字资料以及后来的《亚历山大远征记》等的记载，我们知道，哈马丹城和两河流域城市一样，并没有七道城墙，也更没有什么金墙、银墙。历史上的哈马丹在伊朗语中有"聚汇之地"的意思。因为，它不仅是米底帝国的政治中心，也是古代伊朗交通要道的中心，它维持着东西方繁荣的国际贸易，著名的丝绸之路就经过这里。

尽管没有任何文字资料，但是我们从亚述宫廷浮雕中还是可以看出米底王国一般城市的大致情况。它们都有坚固的城墙，高耸的塔楼，城墙外有护城河，足以抵抗强大敌人的进攻。哈马丹作为米底最大的城市，也是米底反抗亚述的起义中心，理所当然应当更加雄伟坚固。同时，我们从希罗多德所说的得知，米底王宫离城墙很近。这与其他国的都城，如尼尼微和巴比伦情况相同，那里的王宫与城墙也很接近，或者说城墙本身就是王宫防御体系的一部分。

米底帝国灭亡之后，哈马丹成了古波斯帝国四大都城之一。古波斯历代帝王每逢夏季都要来哈马丹的夏宫避暑。后来，哈马丹又成了塞琉西王朝在东伊朗的统治中心。安息时期，哈马丹一度是安息的都城，并且是丝绸之路中段的重镇之一。哈马丹在伊朗历史上繁荣了2 700多年之久，直到今天，它仍然是伊朗最主要的城市，并且是伊朗农牧业生产的中心。

根据米底王国初期的情况判断，哈马丹城里可能是分部落或种族而居，每个居民区之间可能有围墙加以隔开，就好像中古伊朗城市的居民区一样，也是按部落居住的。哈马丹的这些围墙加上宫墙和外城墙，总数可能正好是七道。当然，古代哈马丹城的街区也可能就和今天的情况一样，居民区就像蜘蛛网一般，一圈又一圈，围绕王宫形成了七个包围圈。

不过，由于古波斯帝国时期的哈马丹遗址至今还没有进行任何发掘，因此，古代哈马丹城的情况，在今天仍然笼罩着一层神秘的面纱。

▶描绘波斯国王率军征战的壁画